Archidoxis Magicæ

Paracelsus

Archidoxis Magicæ

die magischen

Talismane und Siegel

des

Paracelsus

Theophrastus Bombast von Hohenheim

A.D. 1591

Impressum

Archidoxis Magicæ

Herausgegeben von Christian Eibenstein.

© 2018 Christian Eibenstein

Herstellung und Verlag: Books on Demand GmbH, Norderstedt

Umschlaggestaltung: Christian Eibenstein

Alle Grafiken aus alten Manuskripten

sorgfältig rekonstruiert von Christian Eibenstein

www.Christian-Eibenstein.de.vu

Bibliografische Information der Deutschen Nationalbibliothek:
Die Deutsche Nationalbibliothek verzeichnet diese Publikation in der Deutschen
Nationalbibliografie; detaillierte bibliografische Daten sind im Internet über
http://dnb.d-nb.de abrufbar.

Printed in Germany

ISBN 978-3-7460-2546-9

Inhalt

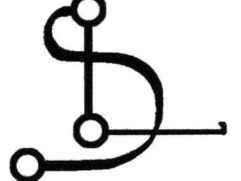

Vorwort

Theophrastus Bombast von Hohenheim lebte von ca. 1493 bis 1541. Seit etwa 1529 nannte er sich Paracelsus, wahrscheinlich eine Latinisierung seines Herkunftsortes *Hohenheim*, auch wenn man noch vor wenigen Jahren annahm, der Name solle eine Anspielung auf den antiken Verfasser medizinischer Schriften *Celsus* sein, damit wäre er – Para-Celsus – über ihn hinausgehen, doch dies ließ sich nicht bestätigen.

Paracelsus studierte Medizin und setzte sich früh mit Bergbau und Metallverarbeitung sowie der Scheidekunst auseinander. Die Alchemie war einer seiner großen Leidenschaften, auf ihn geht die Spagyrik zurück, die alchemistische Herstellung von Heilmitteln aus Pflanzen. Das Buch *Archidoxis Magicæ* ist einer der Hauptgründe für Paracelsus magische Reputation besonders auf dem Gebiet der talismanischen Magie, für die es in seinen anderen Werken keine Hinweise gibt.

Er hinterließ zahlreiche medizinische und theologische Schriften, sie sind fast alle erst nach seinem Tod publiziert worden. Das Buch, bzw. die sieben Bücher der Archidoxis Magicæ sind wohl eher nicht von ihm, stammen aber aus seiner Zeit, also aus dem 16. Jahrhundert. Herausgegeben wurde dieses Buch als erstes 1591 von Johannes Huser aus Basel. Er veröffentlichte eine Sammlung von Paracelsus Schriften in zwei Bänden. Im zweiten Band taucht das Buch *Archidoxis Magicæ* auf. Bereits Huser äußerte Zweifel an der

Autorenschaft des Paracelsus. Bereits die Version von Husers Ausgabe scheint schon eine gewisse Geschichte zu haben, denn im vierten Buch werden zu den Siegeln der vorhergehenden drei Bücher alternative Grafiken angegeben, die in der lateinischen Fassung zu finden seien. Hier zeigt sich, dass doch zumindest im Vorfeld verschiedene Fassungen existiert haben müssten, und zumindest kein Zugriff auf eine Originalschrift von Paracelsus möglich war.

Trotz alledem handelt es sich um ein wichtiges Grimoire des 16. Jahrhundert, welches andere Schriften beeinflusst hat. Dazu gehört zum einen das Buch *der kleine Albert*, es zitiert einen Abschnitt aus der Archidoxis und stellt sogar die personifizierten Planeten grafisch dar, die in diesem Buch nur im Text beschrieben werden. Ich habe diese Grafik als Anhang hinzugefügt. Zum anderen wird das berühmte Grimoire *Clavicula Salomonis* aus der Mitte des 17. Jahrhunderts nachhaltig von der Archidoxis beeinflusst. Der Teil *Ars Paulina* bedient sich Teile der englischen Übersetzung der Archidoxis von Robert Turner, die Siegel des Zodiaks finden sich hier wieder.

Eine Inspirationsquelle der Archidoxis Magicæ ist sicherlich das Werk *De occulta philosophia* von Heinrich Cornelius Agrippa, 1531 herausgegeben. Hier finden sich bereits die Magischen Quadrate zu den sieben klassischen Planeten, wie sie in dem letzten Buch der Archidoxis leicht abgewandelt dargestellt werden.

Grammatik und Rechtschreibung ist für unser heutiges Sprachverständnis gewöhnungsbedürftig, sie werden auch nicht einheitlich im Buch verwendet. Ich habe die Rechtschreibung weitestgehend nicht angepasst. Eine Anpassung ist immer auch ein Eingriff in die Bedeutung des Textes. Bei unterschiedlichen Schreibweisen der Wörter, je nach Fassungen, habe ich die der heutigen näheren verwendet (z. B. *Stundt* statt *stundt* für Stunde). Aus der lateinischen Schreibweise heraus wurde früher gerne ein v für ein u geschrieben; ich habe dies jeweils als u geschrieben. Besonders auffällig war die Schreibweise des Wortes »und«. Im Text steht oft *unnd* oder gar *vnnd*, um die Lesbarkeit ein wenig zu verbessern, habe ich dies direkt als „und" geschrieben. Wörter, die entweder ziemlich entstellt sind, bzw. deren Bedeutung heute nur noch wenigen bekannt sein dürften, habe ich in den Fußnoten erklärt. Sämtliche Fußnoten sind also von mir, Anmerkungen in Klammern im Text sind bereits im Original enthalten.

Quellen: für diese Ausgabe hatte ich zwei Quellen auf deutscher Sprache zur Verfügung, eine Ausgabe von 1603, eine von 1616 und eine in lateinischer Sprache von 1658.

2018, C. Eibenstein

AD LECTOREM,

DE SEPTEM LIBRIS

Archidoxis Magicae.

Freundlicher Leser, wisse, daß die Autobiograph dieser Magischen Bücher, jetzt folgend, mir noch niemahls zu sehen worden, auch von keinem anderen gehöret, die sie gesehen hette. Sendt deswegen die Ersten 4 auß dem zuvor außgangenem Exemplar. Die anderen 5 mit etlichen Manuskriptis Coferiert, widerumb in Druck geben.

Es soll aber auch nicht ungemeldet bleiben, daß etliche an diesen Büchern Archidoxis Magicæ dubitieren1, ob sie Theophrasti seyen: Wie dann auch ein Manuscriptu Exemplar deß Fünfften Buchs de Constellatione Speculi, einem Scrupel eingeworffen (hie vonnoch zu melden) daß nicht unbillich von Authore zuzweifflen weres und erkennt werden, möge sie auff dießmahl neben des anderen unterlauffen, diß man deß Authoris gewisset werde.

---

1 Aus dem lateinischen dubitare: (be)zweifeln.

PHILIPPI[2] THEOPHRASTI PARACELSI,

MEDICI ET PHILOSOPHI PRÆSTATISS

Archidoxis Magicæ
Liber Primus.

Es wird nicht ohn sein, so diese unsere Schrifften an Tag kommen werden, daß sich trefflich viel Leuth ab uns verwundern werden, dieser wunderbarlichen Kräfften halben, so in den Metallen, die mit der Handt vorbereit sind, stecken. Dann es werdens etlich für Superstitiosische, Abergläubische, Zauberische und unter die Unnatürliche Ding rechnen und zehlen: Darneben für ein Grewel und Abgöttliche Mittel achten, als ob man Coniurationes Diabolicas[3] dazu haben und brauchen muß. Dann sie werden sagen, wie möcht es müglich seyn, daß die Metall mit den verzeichneten Characteren, Buchstaben und Worten, diese Krafft könndten haben, wenn sie ohn Zauberey oder Teuffels Hülffe gemacht oder bereit werden. Diesen geben wir zu Antwort, Lieber so hör ich wol, wann es mit der Teuffelshülff geschicht, so glaubstu, es hab Krafft und Würkung: Kannstu denn auch nicht glauben, daß der Schöpffer der Natur, Gott

---

[2] Philippi ist kein Vornahme von Paracelsus, wurde aber immer wieder angenommen.

[3] Teuflische Verschörung.

im Himmel, auch so starck sey, daß er solche Krafft und Wirckung den Metallen, Wurtzeln, Kräuttern, Steinen und anderen dergleichen auch geben könne: als ob der Teuffel Stärcker, Kunstreicher, Almechtiger und Gewaltiger wäre, dann der Einig, Ewig, Allmechtig und Barmherzige GOTT, der diese genannte Metall, Stein, Kräutter, Wurtzeln und dergleichen alles, das auff und in der Erden, auch im Wasser und Lüfften lebt und schwebt, dem Menschlichen geschlecht zu Nutz und Wolfart gradiert und erschaffen hatt. Zu dem so ist gewiß, und gibts die Erfahrung, daß die Verenderung der Zeit groß Krafft und Wirkung hat, besonder so etliche Metall mit einander in besonderen Zeiten verarbeit werden: Wie dann solches offentlich am Tag, und wir das ein Erfahrung haben, in mancherley Weiß und Gestallt. So kan auch niemandt beweisen, daß die Metall todt und ohne ein Leben seyen. Dann dieser Metallen Olea, Salia, Sulphura, und Quinta Essentia, welches die höchste Rerservatiua sind, haben Menschlich Leben zu ernehren die größte Tugend, und gehen in dem allen andren Simplicibus vor, wie wir das in allen unseren Remedien[4] beweisen. So nun kein Leben in ihnen wer, wie möchten sie dann in den Krancken und gleich verdorbenen Gliedern und Cörpern der Menschen widerumb ein frische Leibliche Corporalische Krafft erwecken: Als in den Contracturen, Lähmen, Calculosischen, Französischen[5], Wassersüchtigen, Epileptischen, Danbsüchtigen und Podagranischen[6] und allen anderen, die ich der Kürtze wegen

---

[4] Aus dem lateinischen "remedium"; Heilmittel, Rechtsmittel.

[5] Syphilis.

[6] Gicht.

bleiben laß. Derhalben so sprech ich, daß die Metallen und Stein gleich so wol, als die Wurtzeln, Kräuter und andere Früchte, ein Leben in ihnen haben: Doch unterscheidlich, jeh nach dem und die Metall mit der Zeit verarbeit werden. So hat die Zeit ein wissentlich Krafft, das auß mancherley Argumenten zu beweisen ist, die nicht von nöthen hie zu melden, dieweil die selben gar gemein. Dann wir nicht Willens sind, was gemein ist, hierinn zu handlen, sondern was schwer, und den Sinnen unbegreifflich, und zu wieder ist.

So haben auch die Zeichen ihre Krafft Characteres, Buchstaben und Signa, jedes sein Wirckung. So nun deß Metalls Natur und Arth, auch deß Himmels und der Planeten Einfluß und Wirckung, und dann der Charactern Warzeichen und Buchstaben, Bedeutung und Eigenschafft, mit sampt Warnemmung der Zeit, Stund und Tagen, zusammen stimmen: Was soll darinn seyn, daß diß gemacht Zeichen oder Sigel nicht sollt ein Krafft und Wirckung haben? Das zu dem Haupt zu seiner Zeit, ein anders zu dem Gesicht zu seiner Zeit, eins für das Grieß oder Lendenstein, aber nach seiner Zeit, und also zu andern Mitlen, aber nach seiner Zeit, daß es denen (und nicht für andre) so Artzney in Leib zu nemen nicht Lust haben, Hülff thun und beweisen solt. Doch daß solches alles durch und mit Hüllf und Zuthun deß Vatters der Medicin, Jesum Christum, den einigen Gesundmacher, zugehe und geschehe.

So nuhn einer fürwürff, daß die Wort oder Character kein Krafft haben, und ein Nulla als viel wircke, wie etlich sagen, als ein Creutz, dann es sey ein bloß Zeichen. So sey oder heisse ὄποχνδοξ nicht mehr in Griechischer Sprach, dann zu Teutsch Schlangen tödten: Heiß oder Ardens[7], hab auch nicht mehr Krafft. Lieber so sag mir doch, woher kommpt es, daß eine Schlang in Schweitzern, Algewern[8] oder Schwaben, die Griechische Sprach Osy osya osy etc., verstehet, so doch an den Schweitzern, Algewern und Schwaben diese Zeit, die Griechische Sprache und Zunge nicht so gar gemein ist, daß die vergifften Würm die lernen solten: Wie verstehn dann (sag ich) die Schlangen diese Wort, oder wo, auß was Ursachen, und auff welchen Universiteten haben sie so viel studiert? Daß sie, so sie solche Wort hören, mit dem Schwantz ihre Ohren verstopffen, damit die Wort nicht von ihnen gehört werden sollen. Dann so bald sie die Wort hören, von stund ligt sie wider ihr Natur und Art still, thut dem Menschen weder mit Vergifft noch Stechen keinen Schaden: Da sie sonst, so bald sie den Menschen hört gehn, eilend darvon und ihrer Habitation zuschleicht. Sprichstu dann, es thue es die Natur: Also wolt ichs haben. Thut es die Natur in der Schlangen, warumb wolt sie es auch nicht in anderen thun? Sprichstu dann, es thuts der Schrecken, daß die Schlangen von der Menschen Krafft erschrecken, daß sie erstummen und also still liegn. Warumb liegt sie nicht auch still, so ein Mensch mit grossem gethümmel laut schreyet, oder ein Büchsen abscheußt, oder sonst boldert? Derhalben so müßen Character, Wort und Sigilla, ein verborgenliche Krafft haben hinder ihnen, und ist diß der Natur (nicht) zu wider, es ist auch kein Superstition darbey. Sprichstu dann, die Wort

---

[7] lat.: brennen, glühen.

[8] Allgäu.

thuns nicht, wo das Menschen Geschrey nicht darbey wer: Dawider bin ich gantz. Dann so du diese Wort auff ein Pergament oder Papier schreibst zu seiner Zeit, und legst es auff ein Schlangen, so beleibt sie gleicher gestalt, als ob du die Wortlaut darzu redest, etc. Zu dem solt du dich das nicht größlich verwundern, daß ein Artzney den Menschen hilfft, so er die gleich in den Leib nicht geneüßt, sondern die nur an dem Hals tregt, wie die Sigel. Dann was hatt die Blater mit den Cantharidibus und grünen Käfferlein zu schaffen, daß sich der Harn in Blut verwandlet, so du die Cantharides allein in der Hand heldest, so doch die Blater, welches ein Faß deß Harns ist, im Leib, die Hand aber weit darvon, und ausser dem Leib stehet.

Daß aber auch todte und abgestorbene Ding noch ein Krafft in sich haben, beweiß ich mit dem Eyßvogel, der, so er nach seinem Todt geschunden, die Haut auffgehenckt, und gleich gedört wird, alle Jahr die alten Federn abstoßt, und in seiner Farb new Federn wachsen: Und das nit nur ein Jahr, sondern viele Jahre nach einander. So du dann weiter fragest, Lieber bey welchen Scribenten oder Authoren hastu solche Krafft gelesen, oder daß die also seyn, erfaren: darauff sage ich dir, du Sophist, und verächter der Göttlichen Gabe, also. Lieber wer hat dem Bären gesagt, wann ihm sein überflüssig Blutt das Gesicht verduncklet, daß er zu den Binkorben laufft, damit ihm die Binen ein Aderlaß thun sollen, dadurch die böse Flüß und Überflüssige deß Bluts ihm entgehe, und dester daß geschehen mög? Oder wer hatt dem Hirsch das

Kraut Diptamum[9] zu der Artzney angezeigt? Item der Schlangen das Natterkraut, dem Hund das Gras zu einem Tyriack[10] und auch Purgation[11] verrhaten. Item, dem Reiger das gesaltzen Meerwasser, so er mit einem Schnabel ihm selber zu einer Purgation eyngeust, und ein Erystier braucht, und sonst noch ohn zahl Thier, die ihre Curam[12] zu ihren besonderen Kranckheiten wissen. Wo mögen die (sag ich) die Kunst gelernt haben? Sagst du, es kompt von Natur: das ist recht: Vermag die Natur das in den Thieren, viel mehr an den Menschen, der da nach dem Bild deß Schöpfers aller ding gemacht, und mit einem vernünfftigen Hirn, so solche Dinge zu betrachten, geschaffen ist. Daß aber die Ding, so ausserhalb deß Leibs keiner Sucht oder Krankheit helffen sollen, das ist nicht. Dann die Sonn, so uns zum Liecht, und Heittere dienet, auch die verborgne ding durchdringt, und in den aller inwendigsten Wohnungen, und Kammern ihr Hitz eyndringt: Wer will dann läugnen, daß zu der Zeit des Glentzes die innerste theil der Erden Warm werden, so doch die Sonn allein in die oberste scheint, darvon dann alle Krafft und Safft der wachsenden Dingen ihr Leben empfahen. Solt dann nicht der Glentz der Natur und der Influß deß Himmels Gestirns und der Planeten, mit sampt anderen Mitlen, so wir dazu auß den Metallen, Kräuttern, Steinen und dergleichen nemmen wollen, in dem Menschlichen Cörper scheinen

---

[9] Dictamnus albus: Diptam, auch Aschwurz oder Brennender Busch genannt.

[10] Thyriac galt im Mittelalter bis zur frühen Neuzeit als Heilmittel gegen Schlangenbisse.

[11] Reinigung.

[12] Heilung.

möge, zu den verdeckten Gliedern, Nerven, Aderen, und anderen gebrechlichen Fällen, so in dem Fleisch und Blut deß Menschen, hin und wider durch lange Zeit und mancherley Ursachen, sich erheben? Dann der Kranckheit und Zufäll sind mancherley, gleicher gestalt der Curationen und Hülff darwider, als nach den Qualiteten, auch zu besondern ihren Zeiten und Tagen.

Also auch das so darwider, dergleichen Metallen zu besondern Zeiten des machens und gebrauchens halber: Als so ich die Lepram mit Gold vertreiben will, was solt darvor seyn, daß nicht auch ein Oel, so auß Gold gemacht, und der Aussatz damit bestrichen, davon heilen solt? Oder so ich ein Oelum Mercurij auff die Frantzosen[13] stiche, meinstu nicht, daß ich die mit heilen möcht? Ja ohn Zweiffel: doch mit Underscheid, daß ich der Zeit darzu warnemmen und achten wolt. Dann ohn diß letzt Mittel were alles Schmieren und Salben vergebens: und wann ich auch in dem Oel Mercurij gebadet hett, ich wüst auch etliche andere Remedia, so der Krafft Mercurij in etlichen Fehlen zuwider, gebrauchen. So das nicht, so wer auch nit allein achtung in der Zeit, sondern auch deß Schmierens alle Mühe und Arbeit verlohren, und würde der Patient noch kräncker.

Dann einmal ist gewiß, daß von den obern Gestirn und dessen Gewalt, dem Menschen den mehrertheil Siechtumb und Kranckheiten zustehn, und auff die Cörper fallen: doch nicht sogar behend, daß man es empfindt, oder von stundan innen wird, wie dann Schlagen oder vom Schrecken die

---

[13] Syphilis.

Fallend Sucht, sonder langsam sich samlent, ohn alle entpfindeligkeit, biß so lang sich der angezogne Wust zusammen samlet, wie ein öle immer das kleine Tröpfflein so laßt in ein Wasser lauffen: Als dann so entpfind der Mensch erst seyn gebresten, an Lähme der Glieder, an Unlust der Speiß, und deß Getrancks. Item, an empfindung deß Wehetags, nach einer jeden Kranckheit, Art und Eigenschafft, durch lange Wirckung deß Gestirns, mit hülff und anderer Zufällen in uns, durch den angezognen Lufft præpariert und vorbereit.

Von dem Hauptwehe.

Gemeiner Hauptweh sind mancherley: Etlich die wir uns selber mit überflüssiger Speiß und Tranck machen: darnach etliche so von bösen Dämpffen und Blösten, villeicht von ungedewender Speiß, und dem Magen in das Haupt riechen, und dergleichen: Von denen wir hie nichts handeln wöllen, sonder die grossen und schweren für die Hand nemmen, etc.

Für die Fallendt Sucht, so im Haupt ligt.

Deß Menschen Fallens, ob er in dem Monat, zu gleichen Stunden und Tagen fallen thue, wie offt, oder ob er ungleich und zu ungleicher Zeit fällt, auch ob er vor dem Fall ein wenig trümle, oder gleich eines Augenblick nider zur Erden fall, nimb eben war. So du das eigentliche gemercket hast, so merck: Fellt er zu gewissen stunden, so wirt er auch nicht blotzisch oder augenblicklich niderfallen: So er aber zu ungewissen Stunden und Zeit fellt, so wirdt es das Widerspiel haben, also daß er gehlingen und blotzlichen niderschlägt. Die erst weiß ist tödtlich, nemlich so er vor dem Fall ettwas trumlet, als ob ers darvor empfind: Diese aber, so er schnell fellt, ist nicht die ärgste, sonder die heilsamest. Die erst ist auß der Natur, die letzt aber hatt mit der Natur nichts zuschaffen, und schwächt die Complexion am wenigsten: Die erst mach Thorechtig, und nimbt die Sinn: die letzt aber nit, der hilffe also.

Erstlich so nimb eigentlich acht, auff welchen Tag und in welcher Stund, er das letzt mal gefallen ist, das schreib ordentlich auff, und observier dieselbig Stund deß Tags, welchem Planeten sie zustendig sey: Du solt auch achtung haben, in welchem Zeichen, und seinem Gradu der Mond sey. So du nuhn dieses hast, so merck auff die Jahr des Alters diß Patienten ungefehrlich, ob es ein Manns oder Weibs Person sey, diß alles schreib zusammen, und behalts: Fahe an und gib ihm alle Morgen die nach folgenge Medicin zu essen, nemlich:

Von Spiritus Vitrioli fünff Guttas[14],

Von Quinta Essentia Antimonij fünff Guttas

Von Quinta Essentia Margaritarum[15] vier Guttas:

Diß thue in ein Becher vol guttes Rosenwassers, und gibs in dem Paroxysmo[16] alle Morgen, und laß ihn vier Stunden

---

[14] Tropfen.

[15] Perlenessenz.

[16] Grichisch: der an einem Anfall leidet.

darauff fasten. Diß treibt als lang als neun und zwenzig Tag: in dieser Zeit soltu das Blechlin machen.

Recipe[17]: pures Gold j. Loth[18], und wann der Mond im zwölfften Grad deß Krebs steht, so schmeltz es in einem Tigel, und gieß in ein frisch lautter Wasser: und hab achtung, so bald als ein Coniunction zweyer Planeten am Himmel wirdt, so hab der Stund eigentlich acht, so schmeltz das Gold wider, und in zusammen trettung der Planeten, wirff zu dem Gold in dem Tigel, j. Loth Sylber so Fein ist, also daß es halb Sylber und halb Gold werd: Geuß auß, und schlags dünn, damit es einer zwerch Hand breite werd: darnach beschneidts, daß es dreyecket, und diese Gestalt uberkomme, vt in Forma paret[19].

---

[17] Lat.: man nehme ...

[18] "j Loth" bedeutet "ein Lot", ein Lot sind etwa 14 – 18 Gramm.

[19] Lat.: So in dieser Form bereiten.

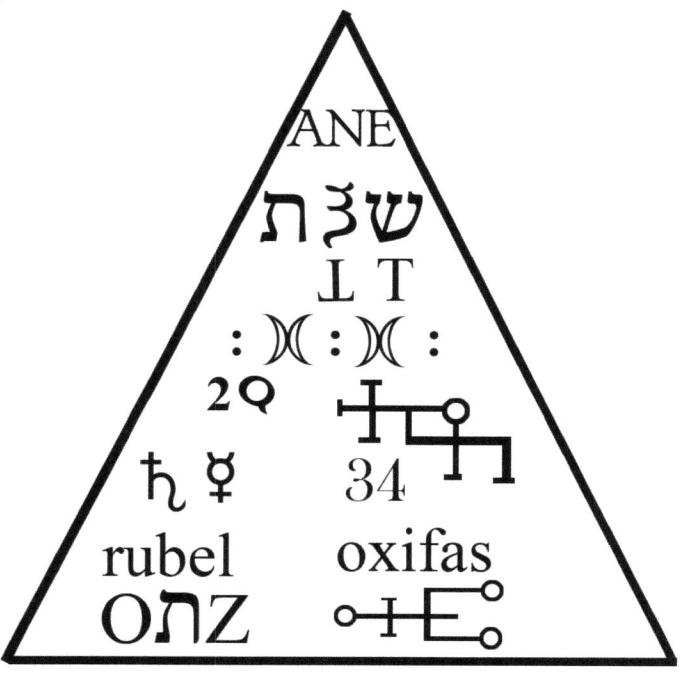

Darnach so glüe wol auß, und laß es ligen, biß diß zu den Mond eben in dem Zeichen und Gradu findest stehn, als er vorhin stund, da der Paroxysmus[20] gefallen: In der selben Stund, so heb an, grab oder verzeichne die gegenwertige Character, Zeichen und Buchstaben (ut supra[21]) auff das Blech, so von Gold und Sylber gemacht ist. Doch soltu dich fürdern, damit in gemelter Stund die verzeichnuß gemacht und bereit werd, dann sonst wer es vergebens. Das Zeichen deß Planeten, in welcher Stund der Paroxysmus gefallen ist, solt du zum ersten in die Mitt deß Blechs stellen.

---

[20] (Epileptischer) Anfall.

[21] Lat.: "wie oben".

Diese hierinnen Figur ist auff den Besten IACOB SEITZEN gestelt, der ist bey dem Fürsten von Salzburg geweßt, in der Stund ☿ gefallen waß. Die anderen Zeichen stell, wie sie in der Figur begriffen: Allein so es ein Weibs Person ist, so mach an statt dieses Zeichens

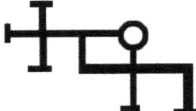   Ein solches:    .

Und da ist das Alter deß Patienten begriffen: Dann an dem ort als du in der Figur 34 stehn findest, so alt ist er gemelter IACOB SEITZEN gewest. Diese Zahl der Jahr soltu einem jeden Paroxysmo in die Figur stellen, doch einem jedem nach seinem Alter.

So nun diese Figur also bereitet ist, so soltu nach dem Paroxysmo, nach der grösse deß Blechs, ein Blatten scheren[22], und acht haben, so bald er nuhn fellt, als dann soltu ihme das vorgemelt Arcanum, dieweil er noch ligt, eynschütten, und ihn halten damit er es hinab bring, und diß gemacht Blech auff die Blatten legen, also daß die Geschrifft auff dem blossen Haupt lig, und bindts ihm darauff, und bring ihn an sein Ruh zu schlaffen: So wird er dir nach gethanem Fall, ohn Zweiffel nit mehr fallen, ob gleich die Kranckheit 30 Jahr an ihm gweret hett. Das Blech soll er allzeit auff dem Haupt tragen, und so ihm das Haar wechst, allzeit so ein Monat

---

[22] Soll heißen: in der Größes des Blechs das Haupthaar scheren.

vergeht, scheren lassen, in der Mansion, da es ihm vorgeschoren worden ist.

Zu erhalten deß Gesichts/ein Figur

Mach dir von gutem Feinen Bley ein rund Zeichen, in der Stund Veneris, so der Mond im Zeiche deß Widders ist, und grab in der Stund Veneris diese Zeichen dareyn, (wie es in der Forma hernach folgen wirdt). Darnach soltu in der Stund Saturni ein Blech von Kuppfer machen, in aller grösse wie das vom Bley gemacht ist, und in der Stund Saturni, wann der Mond im Zeichen deß Steinbocks ist, so soltu diese Zeichen dareyn graben, und sie dann beyde ligen lassen, so lange biß die ♀ mit dem ♄ ein Coniunction machet: Als dann in der Stund und Puncto der Coniunction, so thue die beyden Zeichen zusammen, dermassen, daß die Characteres und Zeichen zusammen kommen. Dann so vermachs mit Wachß, damit sie nicht naß werden, und nehe sie in ein Seyden Tüchlein, und henncks an Halß in der Stund Mercurij, an einem Mittwoch. Dießes benimpt das verloren Gesicht wieder, und verhüt alle Wehetagen der Auge: Es behelt im Alter ein sollich lauter Gesicht, als es in der Jungent wer. Sequitur nunc Forma[23].

---

[23] Nun folgt die Form.

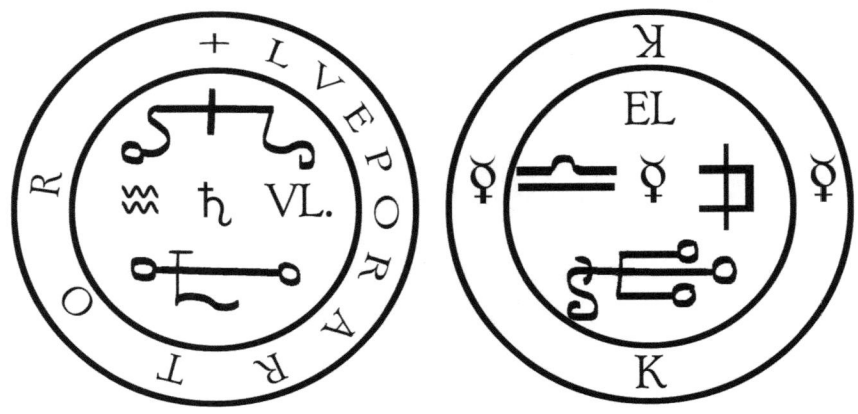

Zum Hirnschwinden und sonst macherley Kranckheiten deß Haupts.

So Recipe. diese nachfolgende Metall, die vorhin alle Fein und rein sind, nemlich

Gold ℥[24].ß[25].

Silber ℥ .ij.

Kupfer ℥ .j.

Iouis[26] ℥ .iij.

---

[24] Altes Maß: Dram oder Drachme, ⅛ Unze. Hat eine Unze knapp 30 Gramm, so wiegt eine Drachme etwa 3 – 4 Gramm.

[25] Die Zahlen werde als röische Ziffern dargetellt; i = 1, ij = 2 etc. Das letzte 1er Symbol ist statt eines i dann immer ein j. Das "ß" bedeutet ½ (von lat. semis).

[26] Auch Jovis = Jupiter, also Zinn.

Dieß schmeltz also zusammen, eben in dem Puncten, so der Mond am Himmel new wird: Geuß die auß, und mach Pfenning darauß, so groß du die haben wilt. Du mußt sie aber forthin, so sie geschmeltzt sind, nit mehr in das Fewr thun. So nun der Planet ♃ in seinem Haus ist, das ist in dem Fisch, so grab diese Charactere und Zeichen auf den Pfenning, an der ersten Seiten, und zu rück an der anderen Seiten die Wort, wie sie in der folgenden Figur verzeichnet stehen: Mach auch oben an den Pfenning ein Ringlein von lauter Gold, und beugs daran in dem abnemmen deß Monds, damit es daran hangen mag. Es gilt gleich an welchem Tag es geschehe, doch daß es in der Stundt Solis sey, so ist der Pfenning bereit. Darnach so henck dem Petienten den Pfenning abermals in Puncto deß newen Monds an Halß: Dieser Pfenning hatt wunderbarliche Wirckungen wider allerley Kranckheiten, deß Haupts und Hirns, & hæc est Forma[27].

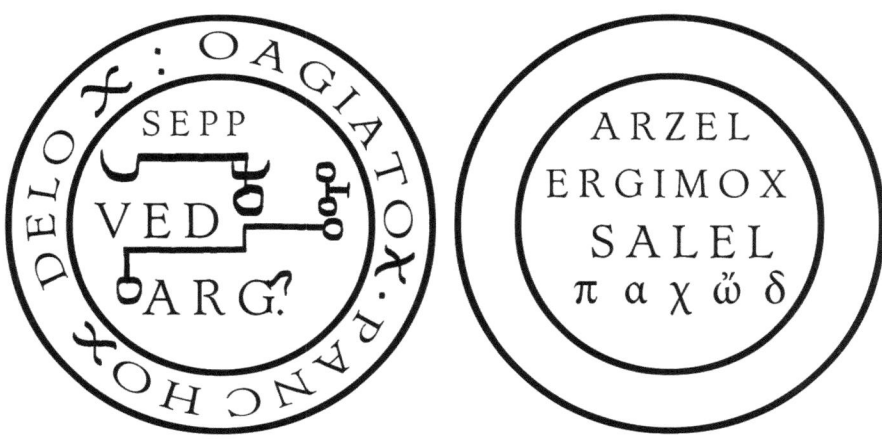

---

[27] Und das ist die Form.

Contra Paralysin ein zierlich Arcanum.

Denen, welche der Schlag ein mal getroffen hat, wil ich zu trost ein Lehr hierinn beschreiben, damit es nicht Archidoxum vergebens heiß: Dann diß allen anderen Curen vorgeht. Wiewohl die Alten (aber nicht wahrhafft) vermeint, daß dem, so der Schlag troffen, nicht wol zu helffen were. So nun dise treffentliche Sucht[28] jemandt berürt, in was massen das sein möchte, so hatt es diesen weg. Nimb Fein Gold ℥[29] ij. Blei ♃ ij. Die beyden fein pur rein und lauter seyn: Erstich so der Sofi unter die Erden geht, in der selben Stundt (welches du nach der Zeit deß Jahres rechnen solt) so schmeltz das Gold in einem newen darzu bereiten Tigel: und so der Untergang geschehen, so würff das Bley in das Gold, und geuß geschwind auß. Dann das Bley sich mit dem Gold in einem Augenblick vereinigt. Solches behalt, und so der Mond im Zeichen deß Löwens, ungefehrlich im zwölften Gradu desselben ist und erreicht, so schmeltz diese Matery Solis und Saturni wieder, so sicht es wie ein Glockenspeiß, so würff ♃ iiij ♀ darzu, und laß nicht lang treiben, sonder geuß es geschwind auß, und behalts. Darnach so der Mond steht im Zeichen deß Scorpions, auch umb den zwölften Gradum, so schmeltz die obgemelte Martery wider: Und so es geschmolzen ist, so würff dareyn ℥ .i. ♃ und geußes aber geschwindt auß, und behalts. Doch geuß es breit, dann es sich nicht schlagen noch scheyden laßt. Sonun die Sonn geht

---

[28] Sucht heißt allgemein Krankheit; von Siechtum.

[29] Altes Symbol für Unze, hat je nach Region ein unterschiedliches Gewicht; im Mittel knapp 30 Gramm.

in das Zeichen Arietis, welches ohngefehrlich alle Jahr um den zehnten Tag Martij geschieht: So soltu diese Zeichen auff den vorgegoßnen Pfenning graben, wie sie hernach verzeichnet sind. Das graben soll in der Stundt Solis angefangen werden, und darinn vollendet. Es gilt gleich mit dem Tag, allein daß die Sonn in Ariete stehe, wie vor gemelt. So du diß Zeichen also bereit hast, so magstu es behalten: Und so jemand der Schlag berürt, soltu die Zeit, Tag und Stundt, darinn der Mensch getroffen ist, eigentlich erfaren, und darnach acht nemmen, derselbigen Zeit, in welcher der Patient getroffen, das du ihn an derselbigen Stundt am Tag, das Zeichen anhenckest. Diß ist ein groß Mysterium. Doch soltu der Person darneben mit unserm Auro Potabili[30] von uns beschrieben, täglich Hülff thun.

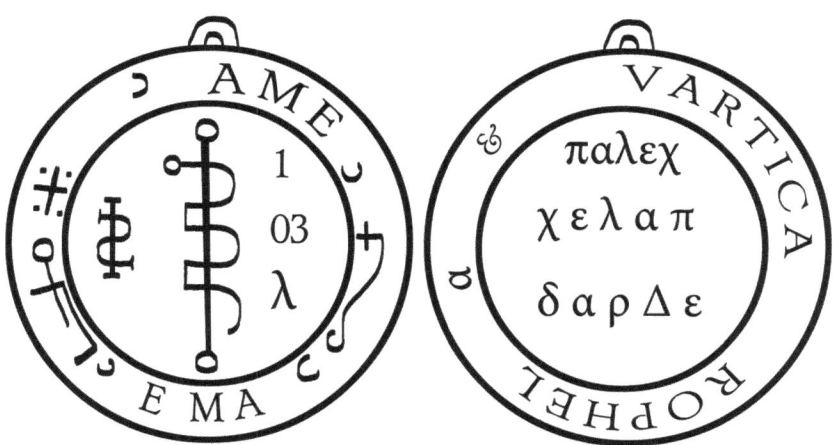

---

[30] Trinkares Gold, Universalheilmitel.

Für den Lendenstein und Grieß

Dieser Pfennig wirt gemacht den Steinsüchtigen, von Goldt, Silber, Zinn und Bley, nemlich also

Rec. Goldt ℨ.iiij.

Silber ℨ.iij.

Zinn ℨ.j.

Bley ℨ.j.ß.

Diese Metall thue alle zusammen, in ein newen Goldtschmidt Tigel, und schmeltz alle zusammen an einem Sambstag, umb die zehnde Stundt vor Mittag, in zunemmenden Mond oder wachsenden Mond, und wirff auff den Fluß diser Metallen, Salpeter mit Tartaro[31] vermischt: Nuhr derhalben, damit es Weich und Zech werd, daß es sich dester lieber schneiden oder treiben leßt. So es nuhn gegossen ist, soltu es in der Stundt ♂ an einem Freytag schneyden und feylen, aller dingen wie es stehn soll, doch nichts darauff zeichnen. Du sollt das Ohr nicht daran lötten, sondern feylen, damit es nach dem giessen in kein Fewer mehr komme: Darumb schneidets dester grösser, damit das Ohr und Blatte ein Stück sey. Du solt es auch soviel möglich, also giessen: Dann es von zusammen fügung der Metallen, besonder Bley und Zinn, gar ein härte, sprödt, und unartig Matery wird: Also daß es sich nicht läßt hart oder manigmal schlagen oder schneiden. So nun diß dermassen bereit ist alles, so soltu acht haben, wann der Mond voll wirt, und eben in Puncto deß

---

[31] Auch Tartarus; Weinstein.

Bruchs ist, am Himmel, anfahend diese Zeichen in die gemeldte Blatte zuverzeichnen, und auff das fürderlichest außmachen, damit es in einer Stundt alles hineyn komme, auff der einen Seiten mit Litera A. Also darnach laß den Pfenning wol verwart ligen, so lang biß an einen Donnerstag, der Mond ein gutten Aspect hatt, erwann von einem guten Planeten, als da ist ♃ . ♀ . oder ☿. So das beschicht, so verzeichne auff die andere Seiten mit Litera B. deß Pfennings, in der Stundt ☿ die verzeichnete Character vollkommentlich, wie sie hie begriffen seind: Und henck der Person, so den Stein hat, im abnemmen deß Monds, an einem Montag, in der Stundt Lunæ, solchen Pfenning an: Das Ringlein daran der Pfenning hangt, soll Eisen seyn. Der Patient mag auch ab diesem Sigill trincken, doch daß es vor übernacht im Wein hangt, und am Morgen der Wein getruncken, und darnach wieder angehenckt werd: So zerbricht und vertreibt es den Sand und Grieß wunderbarlich auß den Lenden. Zu diesem nutzt auch wol der Spiritus Vitrioli Romani[32] etc. Folget die Form der Charakter und Sigill.

---

[32] Spiritus Vitrioli Romani: "... der spiritus vitrioli Romani und der sulphur philosophorum des Albertus Magnus (1193–1280) kann nichts anderes als Schwefelsäure gewesen sein." Neumann B. (1939), Lehrbuch der Chemischen Technologie und Metallurgie. Springer, Berlin, Heidelberg; Seite 264.

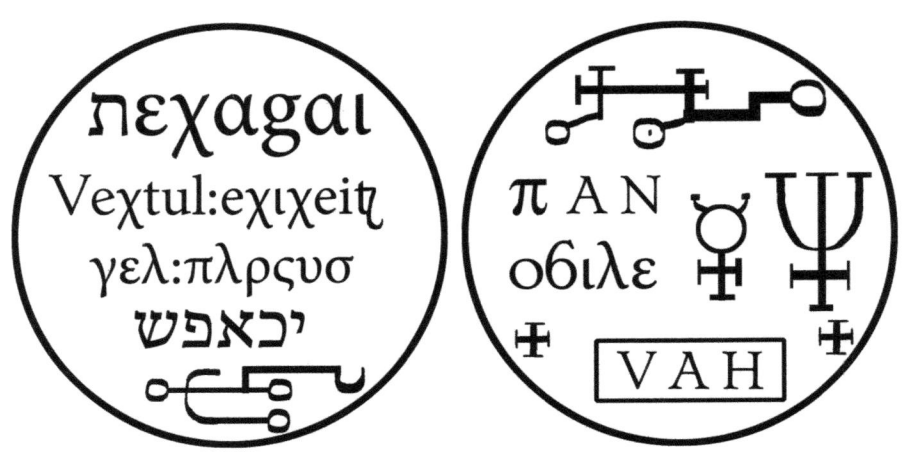

Von den Geburts Gliedern

Die Auffrichtung der Geburts Gliedern ist ein Sympathia, und kompt von einem dicken Blast, ein Arth deß Krampffs den Leib bewegt. Es geschicht aber durch mancherley Zufäll, daß kein Lust kommen will, noch kein Begierd, so diese bewegen mancherley: Etlich natürlich, als so es einem genommen, etc. Zu dem natürlichen brauchen wir dieses Mittel. Schreib auff ein new Pergament diese Wort und Zeichen, und bindes umb den Penem[33] etc.

---

[33] Lat. Schwanz.

AVGALIRTOR σαλιχοχομφιλι
ſ Ϲ Ϲ ΛΙ

⊔ AM ⊏⊐ λῶ ⩙

Dieß Pergament soltu alle Tag ernewern, und das neun Tag aneinander thun, und allezeit am Morgen, ehe die Sonn auff die Erd scheint, an dem Orth, so du die Vorhaut etwas hindersich gestreifft hat, umgewickelt: Laß also den Tag und die Nacht darüber, und alle Morgen wieder ernewert, und das Alt verbrennt, darnach die ächen[34] in einem warmen Trunck Wein eingenomen. Das ist ein zierlich Prob mit wenig Kosten. So jemand diese Sucht förchst, der mag diese Wort und Zeichen an einem Silberen Blech am Halß tragen: Doch daß es vor Auffgang der Sonne darauff zeichnet werd. Oder so man will, mag mans von Gold machen, und die Character darauff stechen, es hilfft auch, etc.

Item so es aber ein Zauberey und Teuffels Gespenst wer, dadurch es mit verderblichen Leuten Hülff und Kunst also jemandt benommen: So laß dir auß einem Stuck von einem am Weg gefundenen Roßeysen ein Eysens Gäbelein schmieden oder machen, an einem Freytag, in der Stund ♄ mit dreyen Spitze, also.

---

[34] die Asche.

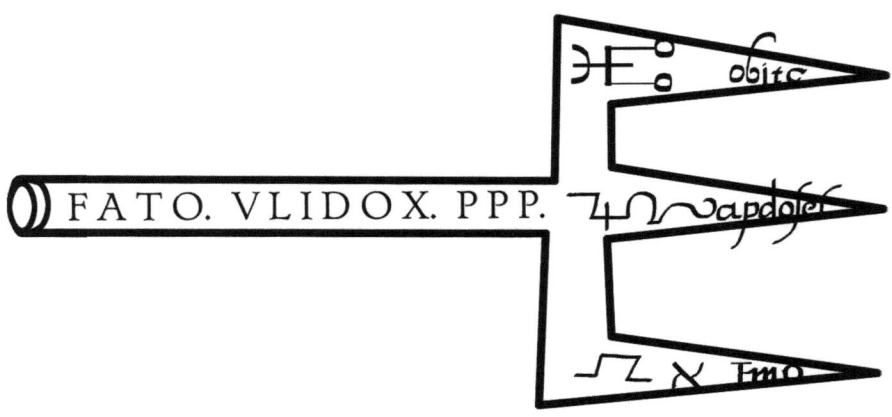

So es nun geschmidet ist, so grab diese drey Character und Wort, am Sontag am Morgen, ehe die Sonn auffgeht, und die drey Spitz, und auff den Stiel seine Wort auch. So solches beschehen, so steck die Gabel in ein fliessend Wasser, daß der Stiel an keinem Orth heraus gang, damit es nicht bald gefunden werd: So wirstu in neun Tagen erledigt, und wirdt der Person so solches gethan, ein anders an die statt, das ihm nicht so schnell abgeht. Also soll man diesen Teuffelskünsten mit der Natur begegnen: Gleich wie Christus in der Wüsten dem Teuffel mit der Schrifft beweist, etc.

Von einem Roß das lang weren mag.

Es möchte jemand dencken, daß ich Zauberische oder dergleichen Künste schreibe. Nun ist das einmal gesagt, daß ausserhalb der Natur in diesem nichts soll geschrieben werden, das nicht der Natur und den Himmlischen Kräfften, und Inflüssen zu wircken möglich sey, und daß wir zum theil erfahren haben mit diesem. Dann wirstu ein Zaum auß eines Löwen Haut deinem Roß machen, und diese Wort und Character zu rechter Zeit, und Zeichen darauff. So wirstu sehen, daß dieses Pferd nicht wie ein Pferd, sondern wie ein Mensch mit Alter dich außharren, und überleben mag. Es nimpt auch an seiner Krafft, wie sonst, nicht ab. Doch daß du es der Gebühr nach gebrauchest. Und wie du ihm diesen Zaum anlegest, in dieser Krafft magstu es dreyssig bis in die viertzig Jahr, wieder die gemeldt Regel der Pferd brauchen. Der Zaum soll auch sein Halffter seyn, damit (so man das Biß davon thut) der Zaum am Roß bleibt, etc.

Nun diesen Zaum soltu von Leder einer Löwen Haut machen lassen, und der Gerber soll die Haut in der Stundt Iovis[35] in die äscher eynlegen. So die Haut vom Gerber fertig ist, so soll der Sattler in der Stund Solis die Riemen schneyden, und darnach den Zaum machen wann er will. Son nun der Zaum bereit, so soltu von Zinn diese Spange darauff machen, in der Stund Mercurij

$$\ominus\!\!-\!\!\text{ꝗ}\,\text{ꝩ}\,\text{S.V.R.}\;\ominus\!\!\text{ꝩ}\;\text{L.R.E.E.}\;\dashv\;\text{ꝩ}$$

an das Hauptstück. Folgende Spangen sollen von ♀ gemacht werden, in der Stundt Lunæ, forn über die Stirn, und über die Nasen hergehen, ⳾ ꝥ ✚O φ χ צ ה TO SELE. Folgende Spange sollen von Silber gemacht werden Z.55.A.K.R.X.X.X.X.X. Diese nachfolgende Character

---

[35] Jovis, also Jupiter.

sollen von Goldt in der Stundt deß Schützen auff das Gebiß gemacht werden,

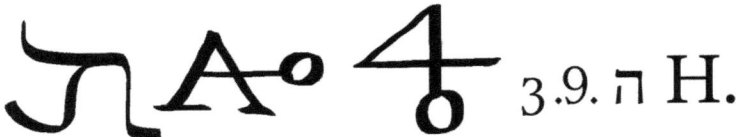

Diesen Zaum leg dem Roß in der Stundt ♀ an: So wirstu sehen, was die Natur im Zeichen, Character und Worten vermag, wo der Zeit geacht und war genommen wirdt, etc.

Ein Wundtsalb.

Die Sympathia oder Mitleidenheit bringt viel in den Menschlichen dingen: Als so du Mieß[36] nimpst auff einem Todtenschedel, welcher am Wetter gelegen ist, wechst, und darzu also,

Rec. deß Gemieß ʒ .ij.

Mumiæ[37] ʒ .ß.

Menschenschmaltz ʒ .ij.

Blut von einem Menschen ʒ .ß.

---

[36] Wohl ein Gemüse, Mus.

[37] Auch Mumienpulver, wurde bis Anfang des 20 Jahrhunderts als Heilmittel verwendete, besteht aus zermahlenen ägyptischen Mumien.

Leinöl ℨ .ij.

Rosenöl ℥ .j.

Boli armeni[38] ℥ .j.

Diß alles thu in ein Mörsel, stoß es so lang, biß es ein rein subtil, alles pur lautere Salbe wirdt, die mach in ein Büchslein. Und so dir ein Wunde fürkompt, so mach allein in der Wunden ein Holtz blutig, steck darnach das blutig Höltzlein in die Salb, wann das Blut zuvor daran trocken worden ist: Und verbinde dem Verwundten solche Wunde alle Tag am Morgen, mit einer newen Binden, die in seinem eygnen Harn genetzt sey. So heilt die Wunden, wie groß sie ist, ohn alle andere Pflaster und Wehetagen. Und magst also einen heilen, der Zehen oder Zwentzig Meil wegs von dir ist, wann du allein seines Blutes hast.

Diß ist auch zu anderen Schäden, als Zanweh, und in Summa was es für Schäden sein, thut alles das blutig Höltzlein, in die Salben gestossen, und drinnen bleiben lassen. Item so dir ein Pferd vernagelt wirdt, so mach das Höltzlein blutig, stoß in die Büchsen mit der Salb, es schadt ihm nichts, diß sind alles Wunder und Gaben Gottes.

Waffen Salb.

Also magstu auch ein Salb machen, wann du das Waffen, damit einer beschädiget, mit der Salben bestreichest, so heilet

---

[38] Auch Bolus armenicus, zu deutsch Armenische Tonerde, bezeichnet eine Ton-Heilerde.

die Wunden ohn allen Schmertzen. Diese ist wie die oben, allein daß du darzu nemest

℥ .j. Honig, und ʒ .j. Ochsen Fett.

Dieweil man aber die Waffen nicht allzeit haben mag, ist dis mit dem Holtz desto besser.

Wieder das Podagra[39].

Erstlich Rec. Mumiæ, Masticis, Myrrhæ rubeæ, Olibani[40], Ammoniaci[41]

Opopanacis[42]

Bdellij[43] ana ʒ .ij.

Vitrioli j. Pfundt.

Mellis ij. ℔[44].

Tartari ℥ .j.ß.

Aquæ vitæ iij. vierteil eins ℔.

Diß alles distillier mit einander, mach ein Oleum darauß. Rec. darnach die untern Kiffer[45] von den todten Rossen, und laß sie klein stossen, mach auch ein Oel darauß. Rec. dieses

---

[39] Gichtanfall.

[40] Weihrauch.

[41] Gummi Ammoniaci, wird zum Räuchern verwendet.

[42] Auch Opopanax, Pflanze mit ätherischen Ölen, wird zum Räuchern genutzt.

[43] Auch Bedolachharz oder Bdelliumharz genannt.

[44] Pfung (die Buchstaben lb zusammengezogen, von Libra).

[45] Heißt wohl "die Unterkiefer von toten Rossen".

Roß öls vier Lot, deß obren Oels ℥ .iiij. thus zusammen, distilliers noch ein mahl, und behalts. Darnach bereit die Character also.

Rec. Fein Gold ʒ .j.   Silber ʒ .j.

Limaturæ Martis[46] ʒ .j.   Saturni ʒ .ij.

Diese Metall schmeltz zusammen in der Stund novæ Lunæ[47], mit starckem Fewer, damit die Limatura Martis darzu schmeltzen könne, dann es gar ungern fleußt, derwegen man es mit ein wenig Borax schmeltzen soll, so fleußt es dester lieber. So es nun geschmoltzen ist, so geuß es also auff einen breiten Stein, damit es dünn werde, dann es laßt sich nicht gern schmieden: Ursach, die Limatura Martis macht es so unartig. Darnach so der Saturnus mit Martis coniungiert wirt, eben in derselbigen Stund, so mach die Characteres, Wort und Zeichen darauff, und ends daran. Dieser Pfennig wie folget, sollen zwen seyn, und jeglicher auff einer Seiten allein beschrieben, und bezeichnet werden also, etc.

---

[46] Eisenfeilspäne.

[47] Neumond.

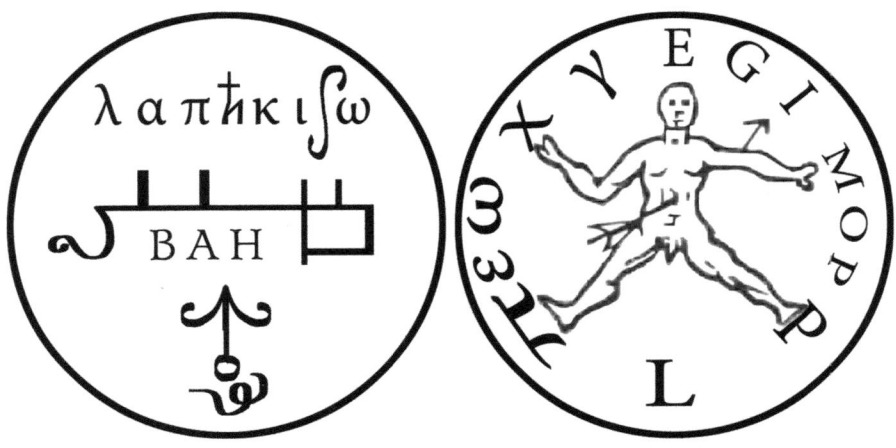

So nun obgemelte zwen Pfenning in der gemeldten Stund der Coniunction Saturni und Martis bezeichnet, und gefertiget sein, so behalt sie dermassen, daß sie nicht zusammen kommen, damit keiner den anderen anrühr: Und mach darnach ein Sigill von gutem feinen lauteren Gold, das wol finiert[48] ist, das es nicht gar dick sey. Und so Venus am Himmel Marti oder Saturno coniungiert wirdt, so grab dise Characters, Signa und Wort in das Sigill. Und merck, so du die Sigilla naher zusammen thust, so mustu acht haben: hatt Venus ein Coniunction mit Saturno gehabt, so mustu das, so mit numero 2. unden verzeichnet ist, auff deß obersten Pfenning seiten keren, der mit numero 4. gezeichnet ist. Wo aber Venus die letzte Coniunction mit Marte gehabt, so kehr das Orth deß Pfennings unden mit numero 2. auff den

---

48 Finieren: feinhobeln, glätten von Gold.

Pfenning mit numero 5[49]. Und so der Mond in den sechsten Grad deß Krebs kompt, so leg die drey Pfenning zusammen, den Güldenen in die Mitt, und kehr sie wie verzeichnet ist, und mach durch sie all drey in der Mitt ein Loch, und verniet sie mit einem Eisen Drat auff ein ander und henck sie dem Patienten an, und salb ihm sein Glieder mitt dem vorhingemachten Oel: So wirst du die Wirckung der Natur, auch in den Sechtzig Jährigen Personen erfahren, folget der Gülden Pfenning.

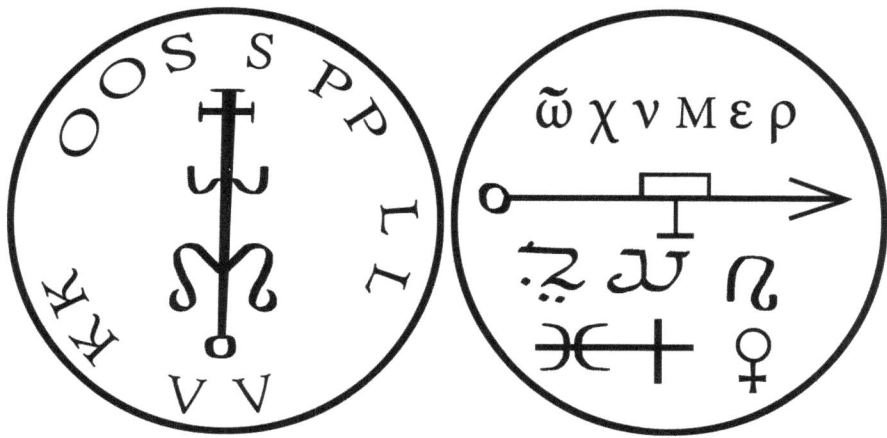

Ein Sympathia Salb zum Podagra.

So du einem Menschen, der mit dieser Kranckheit beladen, lassest oder Schrepffest, so behalte sein Blut, doch ihm unwissend, warzu du es brauchen wilt, distilliers zum

---

dritten mahl durch ein linds Fewer oder Balneum zu Wasser[50].

Rec. darnach desselben Wassers viezehn Loth, thu darzu

Menschen Schmalz ℥ .j.

Roß öl ℥ .ß.

klein geschmeltzter Venedischer Seyffen auch ℥ .ß.

Bärenschmaltz ℥ .j.

Haußwurz Safft ℥ .j.

Rinder marck ℥ .ß.

Thu das alles in ein Küpffere Pfannen, laß also gemechlich sieden, so lang biß es ein dicks Müßlein wirt, rührs stettig mit einer Spattel. Wann es nun wol dick wirt, wie ein Salben, so hatt es fein genug. Darnach im zunemmen deß Monds alle acht Tag ein mahl, so picke den Patienten mit einem Schrepfeisen in die Solen, und wo er das Podagra befind, und schmier ihm dieselbe in der Werme wol darein, so verschwindt ihm in neun Wochen das Podagra. Diese Salb jhe elter sie wird, jhe besser (sie) wirdt. Sie läßt sich zehn Jahre in Krafft und Tugendt behalten, an kühlen Orten, etc.

Zu der Lähme und Contractur.

Darzu ist Oleum Sulphuris, als ein Hauptstuck, nicht zu verachten, das mach also. Rec. Auff reinest gepulverten Schwebel j. halb lb. thus in ein irdins Geschirr, setz ein

---

[50] In einem Wasserbad.

Glesenen Helm darauff, und sublimier ihn: Den Schweffel, was in Alembick auffsteigt, und darinnen bleibt, sezt in ein feuchten Keller zu solvieren, so wirdt er sich mit der Zeit in ein Oel solvieren und verwandlen, darnach mach diese Composition also, etc.

> Rec. Oleum Sulphuris ℥ .ij.
>
> Ungerische Seyffen auch ℥ .iij.
>
> Aquæ vitæ ℥ iij.
>
> Oleum olivarum[51] ℥ .j.
>
> Roß öl ℥ .j.

Diß alles gesotten, wie oben von der Salben vom Podagra. Doch hab acht, damit es nicht angang, dann es sonst gern angehet. Salb damit die Glieder in einem Schweißbad, dreyssig Tag lang. Es hilfft den erstarrten Glideren.

Für die Cotractur ein Sigillum.

Recipe Goldt so viel du willst, ungefehrlich eins Ducaten schwer, das pur, rein, von allen dingen sein, und durch den Antimonium drey mal gelossen ist, darzu thu ein wenig Borrax, und schmeltz es, so der Mond im neunzehenden oder zwentzigsten gradu Capricorni[52] steht: Wans geschmeltz, so wirff in derselben Stundt dreyssig Grana[53] limaturæ Veneris[54]

---

[51] Olivenöl.

[52] Steinbock.

[53] Gran, altes gesicht; wog ca. 50 mg.

[54] Kupferfeilspäne.

darein, und geuß es auß, laß darnach ligen, so lang biß der Mond in gleichen gradum Scorpionis kommet, als dann schmeltz wider, und thue xxx[55] Gran gefeiltes Eysen daruz, geuß aber auß, und behalts so lang, biß der Mond in Löwen kompt. Als dann so schlags und machs auß, biß zu den Zeichen die darein sollen graben werden: Das thu in der Stundt Iovis, dann es hatt mit dem Mond kein weittere Rechnung mehr, so lang biß mans anhencken will. Nun so die Stundt Iovis vorhanden, so soltu daß Zeichen an beyden Seiten stechen lassen, wie hernach Zeichen sind. Dieses Zeichen soll man in einem verneyten Tüchlein bey ihm tragen, dann sie sollen nirgendt anhangen: Und soll solches anhencken an einem Donnerstag in der Stund Iovis, wann der Mond zunimpt, und so seind das die Form deß Sigils.

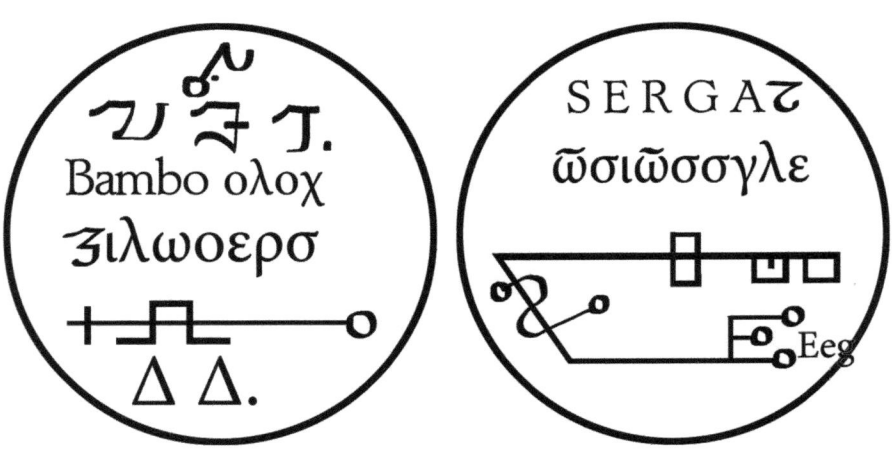

---

[55] Also auch 30.

Zum Blutfluß der Frawen, Menstruum genannt.

Diß ist zwar nicht der geringst Fehl und Mangel, die auch offt und zu besondern Jahren, dem Weiblichen Geschlecht schaden thut: Und wiewohl die dester gesunder und stärcker sind, so sie es zu rechter Zeit haben, oder dessen zu rechter bequemer Zeit mangeln. Derhalben sind zwen Weg vorhanden: Der ein, so der Fluß überflüssig[56] zustellen, und in sein Ordnung zu bringen: Der ander, so sie es manglen, dieses wieder in den Gang zu ordinieren, und zu schaffen. Dann der Mangel dessen ist anders nicht, dann letzlich mit dem Todt enden.

Erstlich das es verstanden, zu fürdren, solt du von lauttern reinen Kupffer, ohn allen andern Zusatz einiges Matalls ein Sigill machen, in der Stundt Veneris, also wie es hernach verzeichnet ist. So es aber in der einigen Stundt nicht möcht außgemacht werden, als dann laß es ligen, so lang biß es in derselben Stundt wieder ist, so vollende dein fürgenommen Werck, und ist das die Forma deß Sigils.

---

[56] Maßlos, im Überfluss.

γαΔεῶ .1.

λαγεῶ .2.

ῶαΔεῶ .2.

λαΔεδ .2.

Ar. Gis.

Dieses Sigill soll also von einem Stuck gefeylet seyn, und soll es die Fraw mit einer Schnur durch beyde Oerlein gezogen also binden, das es ihr hinden auff dem Rücken, ob den Schlossen, zu anfang deß Rücken gradts, gebunden sey, und soll die Schrifft gegen dem Leibwerts gekehrt werden. Sie soll es in der Stundt Lunæ, wann der Mond abnimpt, oder so er schwindet, brauchen. So das zuviel und mehr gieng, als sonsten die Natur vermag, so mach diese Character von lauterem Silber in der Stundt Solis.

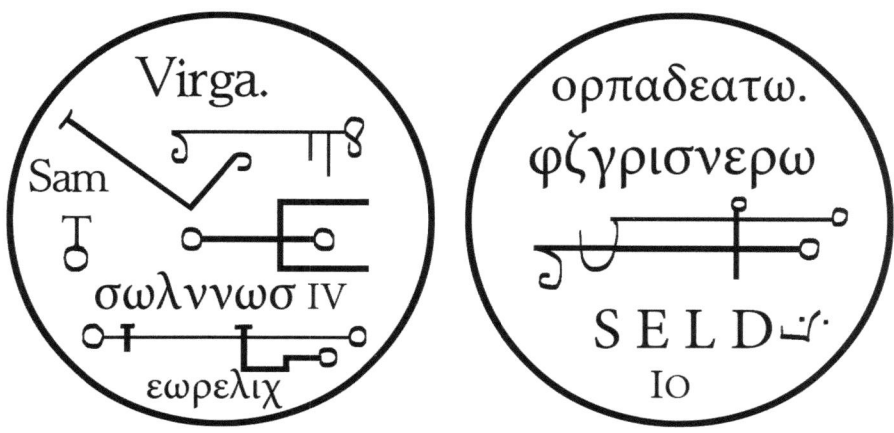

Und soll die Fraw diesen Pfenning nicht auff blosser Hautt tragen, sondern eyngeneht in einem Seyden Tüchlein, auff den Nabel Gebunden, und das Orth so mit numero 10. bezeichnet, gegen dem Leibwerts kehren. So aber der Fluß gestehet, soll sie es noch dreyssig tragen, und darnach abthun. Dann so sie es länger trüg, möcht es gar verstehn, welches dann, so es geschehe, viel erger wer, dann zum ersten, etc.

Ad Lepram.

Die von Mutter Leib Aussetzig sind worden, denen ist durch solche Wirckung allein nicht wol zu helfen. Wir haben aber neben diesem noch andere Remedia daher dienlich.

Gewiß ist es, das man allein ab Goldt truncken, den Aussatz verborgen, aber darumb nicht auß dem Geblüt getrieben: Ursach ist dieses: Ein jeglicher reiner Mensch, hat ein besondern Balsam in sich, der Maltzig[57] aber keinen: Derhalben er auch kein Gesundtheit hatt, ein zerfroren Glied hat auch keinen. Darumb befindt es nicht, wann ihm die Krafft deß Goldes in Magen kompt, der solches darnach außtheilt in die Glieder, so vergleicht sich ein Feuchtigkeit (die es von sich gibt, und wachssen macht) dem Balsam.

Derhalben das Wachssen und Zunemmen der Maltzen, auffhalte so lang, biß die Krafft deß Goldes vergangen. Es mag der Aussatz von den Medicis nicht gespühret werden, so der Leprosus drey Tag vor der Visitation Goldt genützet hat. Wir reden hie nicht von dem gar verdorbenen, sondern von denen die in eim zweyffel stehn, daß sie Maltzig seyn. So man aber hie die Remedia und das Sigillum zusammen brauchen will, so wirdt kein zweiffel an der Hülff seyn. Sieses Sigill macht man groß, von lautterem gutten und Feinem Goldt, in der Stund Saturni geschlagen. Die Characteres aber in der Stundt Solis darinn gegraben, so der Mond in Leone[58], und die Sonn auch in Leone ist, welches dann in dem Hewmonat[59] beschicht.

Dem Leproso henck solchen an der Stundt Veneris, wann der Mond zunimpt. Er mag auch darab trincken, und es darnach wieder anhencken. Es soll alle Jahr im Hewmonat vernewert werden: Dann nach dem Jahr hat es kein Krafft mehr, so starck laboriert der Aussatz, in den Menschlichen

---

[57] maltzig bedeutet Aussätziger.

[58] Sternbild Löwe.

[59] Alte Monatsbezeichnung: Heumond, Heumonat oder Heuert für Juli.

Cörpern, darinn er ein Anfang gewonnen, und ein Sitz gemacht hatt.

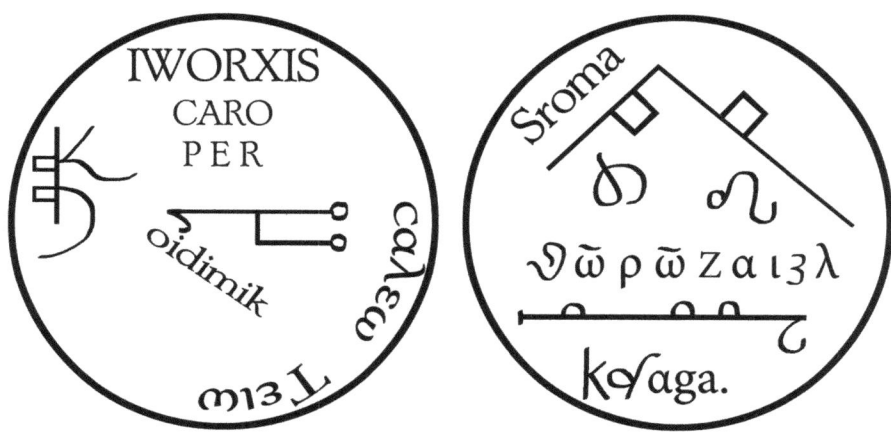

Zu der Schwindelsucht.

So einem der Schwindel ankompt, bedüncket[60] ihn, Himmel und Erden lauffen umb: Einem andern ists, als ob ihm etwas vor den Augen umgehe oder fliege. Die solches beyde befinden, laborieren ein Fallende Sucht, oder den Schlag: Dann es ist verkerung deß Hirns, also daß die Geister deß Gesichts, und andere seins Sinnen, durch einen dicken Dampff, so doch auß dem Magen in den Kopff gestiegen ist, durch den Nervum-opticum, so von dem Haupt hinab geht in den Magen, obscurieren[61]. Dagegen mach ein Sigillum also.

---

[60] Von "dünken": es scheint so, es kommt einem vor als ob.

[61] Obscuration: Trübung der Sicht.

Rec. In der Stundt Martis an einem Donnerstag, so Luna in Ariete[62] ist: Dann sonst kein besser Aspext Martis ist, und von keinem anderen Planeten übel angesehen wirdt, in der selben Stundt, so nimb

Goldt j. Lot

Martis ♂ .ij.

Lunæ ♂ .v.

Diese alle drey fein pur, rein und lauter geschmetzt zusammen: Nach dem giessen, schlags gar dünn, und mach ein Oerlein daran. Und so der Mond im zwölfften Grad Tauri[63] ist, so grab diese Zeichen darein, wie die hie verzeichnet stehen, und hencks in der Stund Plenilunij[64] im Punkto deß Bruchs an.

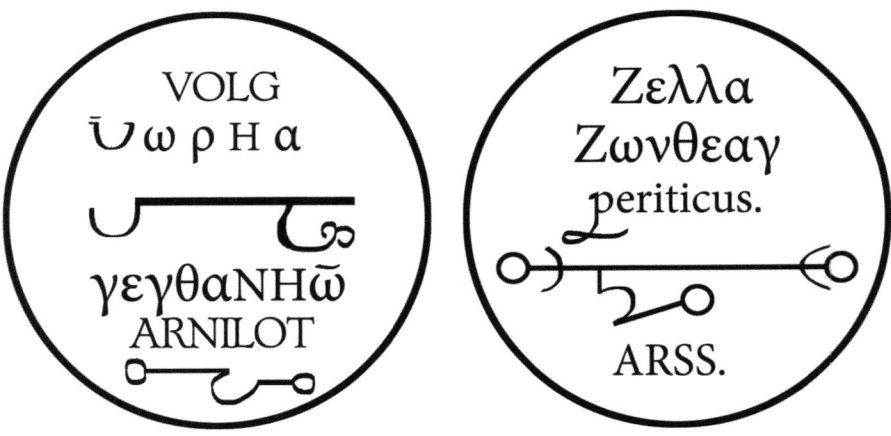

---

[62] Sternzeichen Widder.

[63] Sternzeichen Stier.

[64] Vollmond.

Du magst ihn diß Remedium brauchen, neben dem Sigillo tragen.

Rec. Origani iiij, Gran

Vnicornu[65] ij. Gran

Musci j. Gran

Spiritus Vitrioli vj. Gran

Und gib ihm in einem Silbern Löffel, alle Tag Morgens umb drey Uhr, dreyzehn Tag nach einander und allweg ein Stundt darauff geruhet.

Zum Krampff.

Mach von Goldt, Luna, Venere und Marte ein Mixturam, schlags in die länge und breitte, und mach ein Sigillum darvon, so die Sonn unter Erden ist, in der Stund Saturni: Darnach in der Stundt Iovis, so grab die Character, Zeichen und Wort darein, hencks in der Stundt Solis an, so die Sofi under der Erden ist, etc. Du magst auch von obgemelten Metallen ein Ring machen, und diese Signa darauff verzeichenen, und den Ring an dem Hertzfinger[66] tragen. Doch soll es alles in vorgemeldter Zeit, Stundt und Tagen, wie obstehet, beschehen, und gemacht werden, und seind das die Signa, etc.

---

[65] Wahrscheinlich Unicornu fossile oder auch Ebur minerale, im 16. Jhdt. Bezeichnung für ausgegrabenes Mamutelfenbein.

[66] Ringfinger, oder vierter Finger.

Zum Hertzzittern.

Unsere Hertzen leyden offtermalen ein bewegliches Zittern, das wir Tremorem Cordis nennen, welches am meisten die Grossen Potentaten befinden, und wirdt diese Kranckheit selten an schlechten Menschen gespüret. Darbey man sich, das GOTT der Allmechtig einem jeden Standt sein Leyden und Anfechtung, so meisterlich außgetheilt hat, und niemandts verschont. Es ist auch nicht der wenigsten Kranckheiten eine: Dann wo sie überhand genommen, so würfft sie den Menschen in Ohnmacht, und tödtet ihn offt gar. Sie entspringt von dem Netzlein deß Hertzens, mit welchen das Hertz benachbart ist. Es kompt auch wol von bösem unnatürlichen Phlegmate. Darzu mach dir ein solch Sigill, und hab der Zeit eigentlich acht. Erstlich,

Rec. An einem Montag in der Stund Lunæ j. Lot Silber, und thue das in ein Tigel, laß also stehen, biß in die Stundt Solis kompt, das ist, vier Stundt in der Ordnung der ungleichen Stunden: Als dann so setz das gemeldt Silber in das Fewer, und schmeltz es: Und so es gar geschmoltzen ist, als dann so wirff ij. Lot gut fein Goldt darzu, und laß also wol mit einander treiben, und geuß nicht auß, sondern laß also im Tigel von ihm selber erkalten, und setz neben sich also lang, bißes es in der Stundt Veneris ist: Dann schmeltz es wieder, und wirff wieder ij. Quintlein[67] gut Venus darein, und geuß darnach auß, schlags dünn, und richts zu biß zum verzeichnen der Signa darauff. Alsdann so hab erstlich acht, wann die Venus mit Luna ein guten Aspectum hatt, so mach diese zwey erste Zeichen darauff, nach dem Wort Pannositam[68], und sonst nichts, und stell sie also wie du hie sihest.

Darnach so der Mond new wirdt, in Puncto so mach diese folgende drey Zeichen, under die zwey obren darauff.

---

[67] Auch Quintlein, Quentchen (heute Quäntchen geschrieben), altes Gewichtmaß; der fünften Teil eines Lots, ca. 6 – 7 Gramm.

[68] Pannositam: im linken Siegel, auf der folgenden Seite, das in hauptsächlich grichischen Buchstaben geschriebene Wort "παννοσιτam".

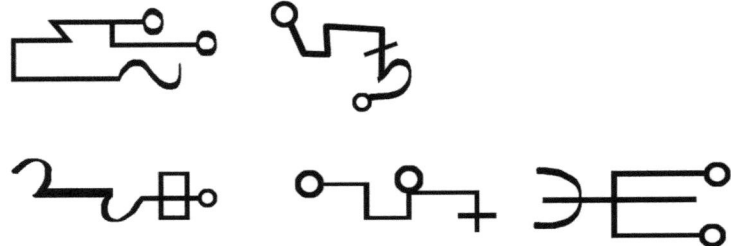

Nach demselbigen newen Mond, so laß liegen, biß auff das nechste Voll als dann so schreib aber in Puncto Plenilunij oben über diese Zeichen alle, und als auff einer Seiten diese Wort, wie die folgend Figur weißt.

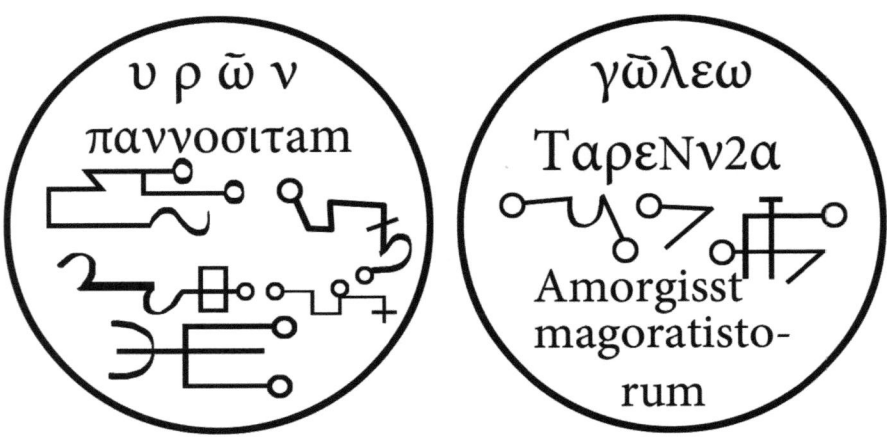

Nach dem allem hab acht, wann die Sonn in Leone ist, gleich an der Stund deß Eintritts der Sonnen in Leonem: So verzeichne auff die ander Seiten diese Character und Zeichen: Und soll alles in der gemeldten Stundt angefangen, und geendet werden. Und so nun diß Sigillum ganz außgemacht und bereitet ist, so soltu es den Hertzschlägigen in der Stundt deß Plenilunij, gleich wann der Bruch am Himmel geschicht, in Puncto desselbigen, und soll ihm ungeferlich bey dem Hertzgrüblein hangen auff blosser Haut. Zu diesem Zittern deß Hertzens, ist unser Aurum Potabile ein gut Arcanum, auch die Quinta Essentia Margaritarum[69], nach unser Lehre, etc.

Præparatio olei Corallorum & Succini[70].

Rec. Corallum j .℔.

Salis communis[71] drey Hand voll,

zertoß oder zerreibs mit einander zu einem subtilen Pulver, thue es in ein Glaß, verlutiers mit nachfolgendem Luto[72].

Rec. Luti communis, oder Argillæ[73], und Bein von vierfüssigen Thieren Haupt, Eysenfeilsach, Glaß, gemein Saltz, und Bleyweiß[74], feuchts mit einander an. Darnach so

---

[69] Perlenessenz.

[70] Lat.: "Die Bereitung des Öls aus roten Korallen und des Bernsteines".

[71] Kochsalz.

[72] Verlutieren und Luto: mit Lehm (lat. Luto, heißt auch Kot), oder einer Mischung von Lehm und andern Dingen, verschmieren, verschließen.

[73] Lat.: Lehm, Tonerde.

[74] Auch Bleiweiß oder Bleihydroxidkarbonat genannt, ein basisches Bleicarbonat.

nimb das verlutierte Glaß, setz in ein Sand Cappellen, gib ihm am ersten lind Fewer, machs allgemach, biß die Spiritus und Striemen kommen, in den Recipienten, darnach mach ein stärcker Fewer, biß so lang kein Wasser mehr überig ist. Dieses Corallen Oel ist auch ein treffliche gutte Medicin zu gedachtem Hertzzittern, allein gebraucht ohn allen Zusatz.

Bein Bruch.

Alle zerbrochene, zerquetschte, zermercklete Gebein, die in mancherley Weg zerbrochen und zerschrotne stücklein haben, nach dem sie zusammen gericht sind, so bestreichs mit nachfolgender Salben, so heilen alle Stucklein ordentlich zusammen:

Rec. Honig iiij. Lot.

Antimonij, Oel Vitrioli ℨ .ij.

Dachsen Schmaltz ℥ .j.

Hirschen Unschlit[75] ℥ .j.

Wachß ℥ .ij.

Seiffen ℥ .j.

Terpentin ℥ .j.ß

Beren Schmaltz ℥ .j.

Diese Salb heiler wunderbarlich wol, ẛo man sie bey der Wärme mit warmer Handt anstreichet, und wol hinein gerieben wirdt, etc.

---

[75] Unschlitt, Talg oder Eingeweidefett; ist ein aus geschlachteten Wiederkäuern oder anderen Paarhufern gewonnenes festes Fett.

Liber Secundvs Archidoxis Magiæ

DE SIGILLIS DVODECIM SIGNORVM, ET SECRETIS ILLORUM[76].

Aries.

Deß Himmels Lauff, deß Himmels Runde ist gestellt oder gesetzt, mit den Zwölff Zeichen, die da umb den Himmel als ein Leib mit einem Circkel umbzogen, welchen Gurt oder Umkreiß wir den Zodiacum nennen. Das erst Zeichen ist der Widder, und folgen denn die andern eilff Zeichen in der Ordnung hernachn, als:

♈	Aries	♌	Leo	♐	Sagitarius
♉	Taurus	♍	Virgo	♑	Capricornus
♊	Gemini	♎	Libra	♒	Aquarius
♋	Cancer	♏	Scorpio	♓	Pisces

Deß Widders Sigill wirdt auß nachfolgenden Stücken gemacht, nemlich

Eysen i. Lot

Goldt ein halbes Lot

Silber ℨ .j.

Kupfer ℨ .ß.

---

[76] Von den 12 Siegeln, den (Stern)zeichen und ihrer Geheimnissen.

Diese vier Metall sollen in der Stundt und Tag, so die Sonn im Zeichen deß Widders ist, welches ungefehrlich den zehntden Tag Martij, in dem Puncto so die Sonn in den ersten Gradum Solis eintritt, mit starckem Fewer zusammen geschmeltzt werden. Das Eysen soll gefeylet seyn, dann sonst möcht es von der Hitz nicht fliessen. So sie nun wie angezeigt, geschmeltzt und bereit ist, so soll diß Sigillum an einem Zinstag, wann der Mond in dem Zeichen deß Widders stehet, welches alle Monat ein mal geschicht, ungefehrlich umb neun oder zehn Grad Arietis bezeichnet, und in der Stundt außgemacht, und an gehenckt werden, so Mars in dem neundten Tag deß Haus Himmels in Octauo Cœlo[77] ist. Folgt das Sigill mit seinen Charactern also.

Ein gewiß Experiment ist das Sigillum für alle Flüß, so von dem Haupt in das Genick und Achseln fallen. Dann es das Hirn purgiert[78], und alle Phlegma von dem Haupt außtrucknet, thut also daß es eben das Haupt berührt, getragen Tag und Nacht, das Zeichen Widder gegen dem Hirn untersich gehen.

---

[77] Octauo Cœlo oder Octavo Coelo, im achten Himmel, hier wohl achtes Haus.

[78] Lat.: gereinigt.

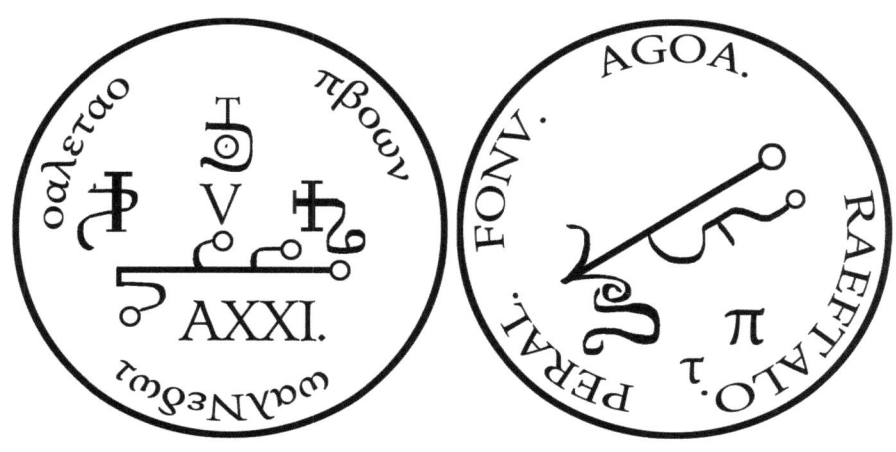

Taurus

Diß Sigill wirdt von folgenden Metallen gemacht.

Rec. Veneris ℥ .j.

Iovis ʒ .j.

Martis ℥ .ß.

Solis ℥ .ij.

Diese Metall sollen vereint und zusammen geschmetzt werden, als die Sonn in Taurum geht, welches ungefehrlich alle Jahr umb den achten Tag Aprillens geschicht, gleich demselbeige Eintritt der Sonne in das Zeichen, soll auch dieses Sigill in demselbigen Puncten angefangen, bezeichnet, und gar gendet werden, sonst brecht es nachtheil. Aber so der Mond in dem zehnden Grad Tauri stehn wirdt, soll es angehenckt werden. Wann macht Stempffen, gleich den

Müntzstempflen, die vorhin außgegraben sind, damit man das Sigillum, so es gossen ist, gleich stemfft und bereit, damit es dester geschwinder verzeichnet wird, also mag man mit allen Sigillen thun. Dann offt die Stund, ehe es vollendet, verlauffen, daraus groß hinderung kompt. Dann das ist zu mercken, daß allein die Zeit in diesen Dingen die aller größt Wirckung hat.

Dieses Sigills Natur und Eigenschafft ist ein schönes Remedium, so jemand sein Mannheit genommen wer. Dann so es dermassen angehenckt wirdt, das es biß an Nabel reicht, und des Stiers Zeichen gegen dem Leib gekehrt wirdt, dann es Mann und Frawen hilfft.

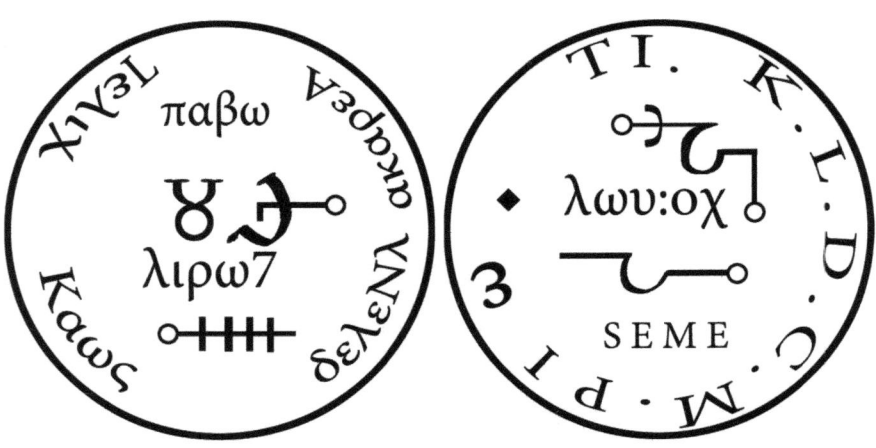

Gemini

Deß Zwillings Sigill soll bereitet werden von den Metallen des Goldes und des Silbers, jedes zwey Lot schwer genommen, und durch das Sigill durch und durch ein lang Rohr, da ein Federkiel darinn mög weite haben, durch solches Löchlein: Welches also hindurch gehen soll, damit die Zechen auff dem Pfenning stehen, daß man den Federkiel darinn stossen, und denselbigen an einem Ort mit Mastix vermachen, und den Kiel mit Mercurio feylen, darnach das ober Löchlein auch vermachen mög. Welches das erst, nach dem und der Pfenning gearbeitet, geschehen soll. Das gemeldt Goldt und Silber solt du zusammen schmeltzen, so die Sonn in das Zeichen Geminorum eintritt, welches geschieht am zehnden oder eylfften Tag Maij, nach des Jahrs Lauff, welches nicht alle Jahr geschicht, derhalben solt du hierinn deß Jahrs, in dem du das machen wilt, acht nemmen. Die Signa, Zeichen, und Buchstaben solt du darauff graben, wann der Mond im Zeichen deß Löwens, des Vieches steht. Aber anhencken soll mans, so der Planet Mercurius im ersten Hauß deß Himmels steht, wann es heyter, schön und lauter am Himmel ist: und soll auff blosser Haut, daß das Zeichen Geminorum gegen dem Leib gekehrt, getragen werden: den Federkiel aber mit sammt dem Quecksilber soll man an einem Mittwochen in der Stund Mercurij in abnemmen deß Monds darinn thun.

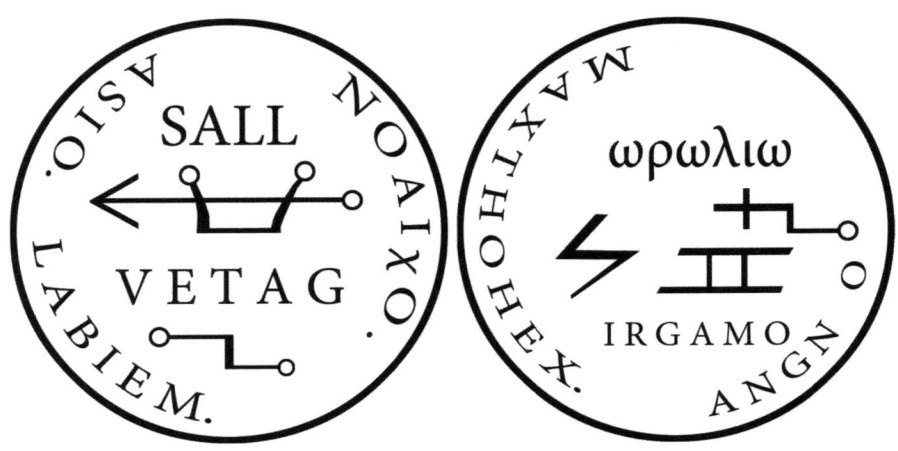

Cancer

Diß Sigill wird von lauterem guten feinem Silber gemacht, so groß als man das haben will, in der Stund, so die Sonn in das Zeichen deß Krebs eintritt, welches ungefehrlich den zehnden oder zwölfften Tag Juni geschieht, und so der Mond kein bösen Aspect oder Anschauung, von keinem anderen Planeten hat, so soltu in der Stund Lunæ diß Zeichen darein graben: Doch soll es in wachsenden Mond seyn, und soll in derselben Stundt angefangen und außgemacht werden, dann sonst wer es vergebens.

Solch Sigill soltu in der Stund deß Monds im Abnehmmen, an einem Montag, anhencken. Es will reinlich getragen und gehalten sein: Es ist zu Reysen und Wandern ein guter Gefert, und getragen für die Wassersucht, ein heilsame Artzney: dergleichen für sonst allerley gebrechen deß Leibs, so ihren Ursprung von Feuchte und übriger Phlegma haben.

Leo

Deß Leonis wirdt mit sonderm Fleiß allein in dem Julio, so die Sonn in ihr eigen Hauß, als in dem Löwen, am dreyzehenden oder vierzehenden Tag solches Monats eintritt, von pur lauterem und feinem Gold gemacht, und in dem ersten Staffel deß Zeichens gegossen werden, und fortan in selbiger Stund gepregt, oder geschlagen werden. Und darnach so der Planet Jupiter in seinem eignen Hauß steht im Fisch, so sollen die Zeichen allein an der einen Seiten gegraben werden: Die Verzeichnuß aber der andern Seiten soll geschehen, wann der Mond im haus Jovis ist, nemlich in Fischen. Und soll allwegen acht genommen werden, das nach dem giessen diß Sigill nicht mehr ins Fewer kommen soll, sonst wer all Mühe und Arbeit umb sonst und vergebens.

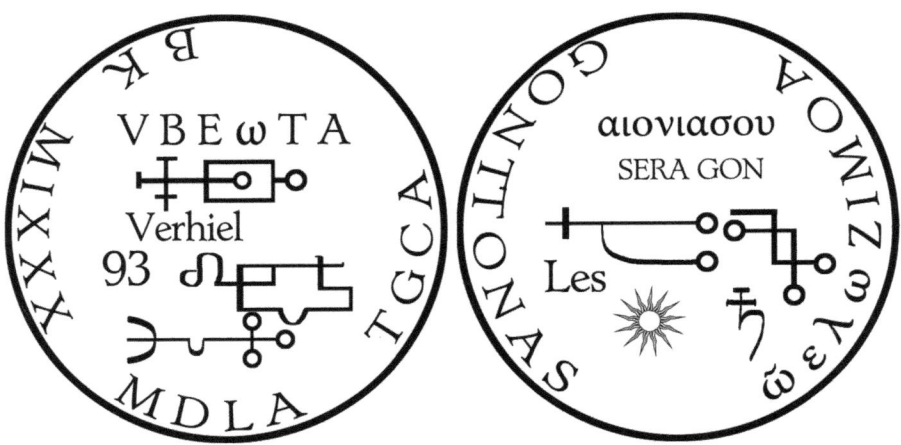

Die ander Seit soll wie die obgezeichnet Figur außweißt, bezeichnet werden, und in der Stundt Solis auff einen Sontag angehenckt werden. Diß Sigill getragen, ist wunderbarlich in allen Gerichtshändeln, gibt treffenlich grossen Gunst dem tragenden gegen aller Welt, Weibs und Manns Person. Es ist auch ein sonderlichs tragen für das Fieber Quartan[79]. Man mag darab trincken, ist auch sonderlich bewert contra Pestem, die inwendig im Leib bei den Menschen umbbringet. Auch für alle hitzige Kranckheiten der Augen, und andere

---

[79] Auch Quartān-Fieber oder Febris quartana, ein Fieber, das um den vierten Tag wieder kommt; das viertägige Fieber.

bösen Hitzen, die wir fliegende Hitzen nennen zu pflegen. So sich ein Person verbrennt hett, soll man das Sigill auff die verbrennt Statt halten, es zeucht den Brandt wunderlich auß. Also haben wir Meister Claus Scherers unser Landtsmanns Frauwen zu Villach, als sie sich mit der heissen Berckleibet verbrent hat, den Brandt außgezogen, ohn all andere Mittel, daß ihr die Statt hernach nicht geschworen noch Eyter geben hat. Doch hat sie das Sigill darnach, biß zu vollkommener Gesundheit getragen.

Jungfraw.

Der Jungfrawen Sigill wirdt von

Kupffer ℥ .j.

Gold ℥ .ß.

Silber ℥ .ij.

Zinn ℥ .ß.

gemacht.

Diese Metall sollen den zwölfften, dreyzehenden oder viertzehenden Tag Augusti, in der Stundt deß Tritts der Sonnen in das Zeichen Virginis, und gleich dieser Stundt nach dem Guß, so schlags dünn. Und so der Planet Mercurius ein guten Aspect hat, von einem anderen Planeten, und es in seiner Stundt darzu ist, nach Bedeutung der ungleichen Stunden der Planeten am Himmel, so soltu diß Zeichen und Nammen auff gemelte Sigill graben und stechen lassen, doch daß sie in solcher Stund fertig und bereit seyen:

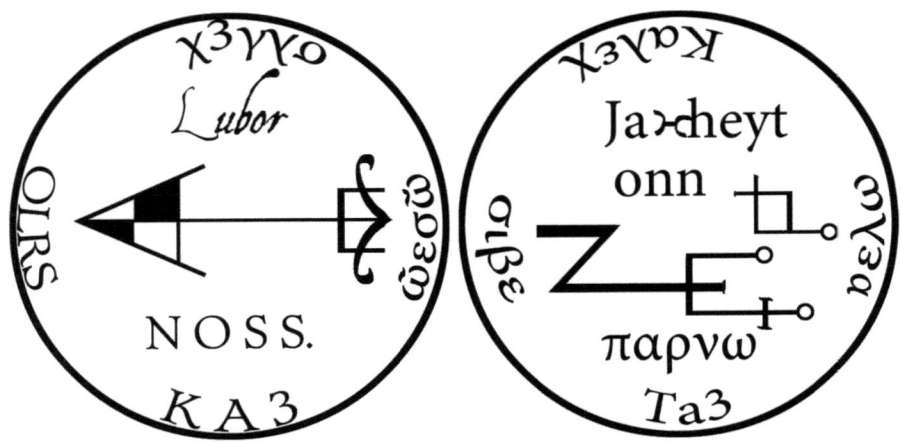

Und darnach demselbigen Menschen in der Zeit, so der Planet Mercurius im ersten Hauß am Himmel steht, das Wetter schön und hell ist, und lauter denselbigen Tag (es ist dester besser) angehenckt werden. Man soll auch mit dem anhencken der Stund Mercurij erwarten, so es anderst die Zeit des Gangs am Himmel des ersten Hauß halber erleiden mag. Wo aber nicht, so ist an derselben Stund wenig gelegen: doch ist es besser, wo es die Stund Mercurij betreffe.

Libra.

Item die Waag mit ihrem Zeichen und Sigill hatt diese Art. Es wird vom lauterem Kupffer in der Stund so die Sol in die Waag eintritt, gemacht, gossen und geschmeltzt. Dieser Eingang der Sonnen in Libram geschicht im Monat Septembris, im zwölfften, dreyzehenden, oder vierzehenden

Tag, nach Eingang deß Jahrs. Man soll acht haben, so Venus diß Jahr der Herr oder Reservator ist, so wird diß Sigills Krafft wunderbarlich erfunden von dem Menschen (insonderheit so es ein Kind Veneris ist, der geburt nach) so er's tregt, so es ihm also geschnitten und bereit ist. Wann Venus im Zeichen der Waag steht, so sollen diese Character, Wort, und Zeichen darein graben, und folgend in der Stund Veneris an einem Freitag umb ein oder neun Uhr, welches auch die Stund der Regierung Veneris ist, angehenckt werden, etc. ut sequitur[80].

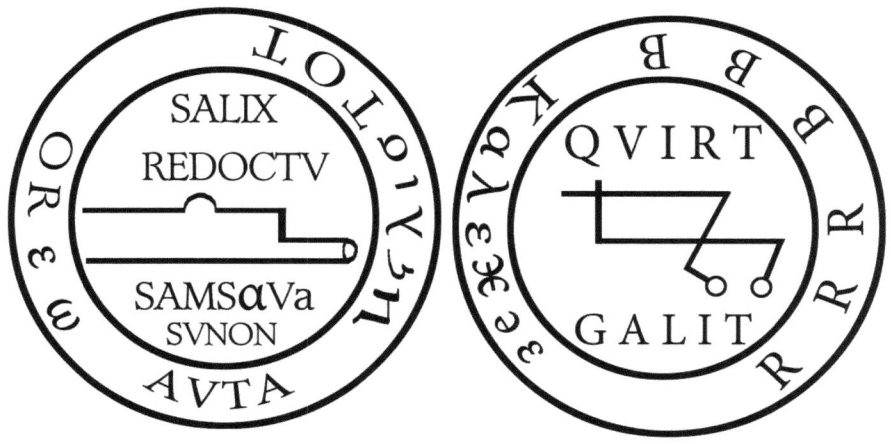

Dieses Sigill ist wunderbarlich für alle Zauberey der Weiber, so etwan den Mannen die Mannheit genommen, auch denen, so diß zum theil weren, wider abzunemmen. Es

---

[80] Lat.: wie folgt.

ist auch gut für alles böß, der heimlichen Ohrten sonderlich
etc.

Scorpio.

Scorpionis Sigill mach von lauterem Eysen, in der Stundt
Martis am Erchtag[81] oder Dienstag, in der Stund, so die Sonn
in Scorpion eintritt, welches alle Jahr ungefehrlich auff den
zwölfften, dreyzehenden oder vierzehenden Tag Octobris
geschicht, und gleich das ein Ort gezeichnen: darnach so die
Sonn in Widder kompt, das ander Ort, und magst
anhencken, zu welcher Zeit du wilt.

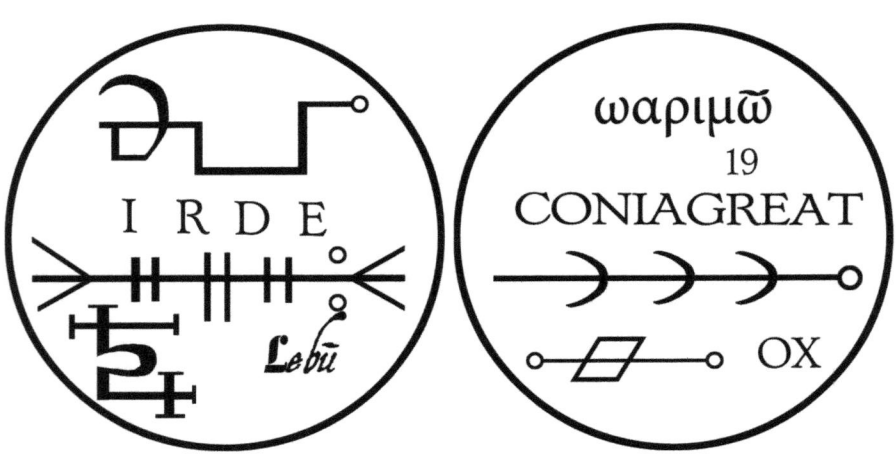

---

[81] Dienstag wurde auch Irchtag oder Erchtag genannt.

Es ist ein sonderlich Mittel für alle vergiffte Kranckheiten. Es ist wunderbarlich allen anderen, die es am Hals tragen, als Hauptleuten, Kriegsleuten, und die mit stetigem Zanck umbgehen und beladen seyn, wie groß Fürderung es gibt zu solchen Werck: Ja dieses soll man von Eisen machen, und formen wie es hie oben steht, so der Mars ein Herr des Jahrs ist, und die Sonn desselben Jahrs in den Scorpionem eintrit in dem ersten Staffel. Darnach so der Mars in seinen eigenen Hauß im Widder ist, so zeichne das wie obsteht, und dann in der Stund Martis so henks an. Diß in ein Hauß gestelt, so bleibt kein lebendiger Scorpion darinn: Und ist auch sonderlich gut für das Stechen des Scorpions, es hilft, und ist ein grosse Fürderung dem Kriegsmann in Zanckung. Aber sonderlich ist es dem Aussetzigen gut, neben getrunckenen Gold getragen: An der anderen Seiten steht also geschrieben.

An dem Schwantz soll hinden ein Ringle sein, von lauterem Gold, daran man es trage, also damit im tragen der Kopf unter sich hang. Diß ist ein gewisse Kunst für die Wantzen, so es an ein Bettstatt gehenckt wird.

Sagitarius.

Des Scützen Sigill mach in der Stundt des eingangs der
Sonne im Schützen, so järlich geschieht den zwölfften oder
dreyzehenden Tag Novembris, in dem ersten Staffel, und
zeichne es in der Stundt Iovis, und hencks in der Stund Iovis
an, im zunemmenden Mond. Diß ist ander Sigill, so ich erst
in langer zeit erkannt, und gemeiner Kunst nach gedacht. Ich
hab diß Sigill offt zu meiner widerwertigen spott gebraucht,
daß sie wie die Waldesel gestanden sind, und keiner das Maul
dörffen auffthun. Es soll ein Silberen Ring haben, und sonst
von lauterem Zinn gemacht werden, ohn allen zusatz anderer
Metallen. Es will reinlich getragen seyn. Dann wo es in der
Zeit der Vermischung nit abgethan wirdt, so verdirbts, und
verliert Krafft.

Capricornus.

Hie haben wir mit dem Saturno zuthun, und mit seine Geschlecht: das Sigill macht man mit Gold, dann Bley gibt den anderen Metallen kein Wirckung: Das Ringel soll Kupffere seyn. Machs in der Stund deß Eingangs der Sonnen in Capricornum, so die Sonn am weitesten von uns entfernt sein wirdt, und zeichne es an einem Sabstag, in der Stund Saturni. Darnach so Saturnus etwan ein guten Aspect gegen einen anderen Planeten hat, so hencks in deß Monds abnemmen in des Aspects Stund, es sey gleich der Mond oder ein anderer, so gilt es gleich. Es mag auch wol ein Gunstpfenning zum gemeinen Mann heissen. Dieses Sigill heilt ohn allen zweiffel den Wolff am Schenckel, das haben unsere alten nicht künstlich finden können, und vermeint, es sey nicht möglich den Wolff zu heilen, so doch das ohn alle andere Mittel ein bewerte Artzney ist.

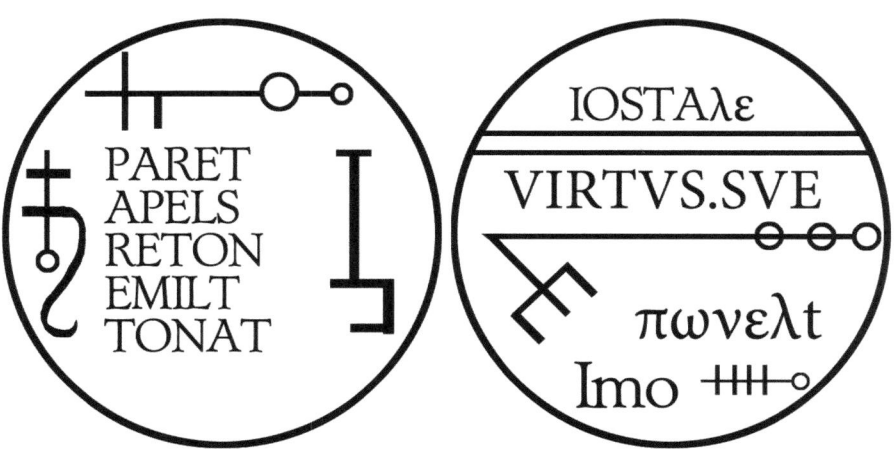

Aquarius.

So die Sonn im Wassermann eintritt im Ianuario, auß folgender Mixtur, nemlich

Goldt j. Lot

Silber ʒ .j.

Saturni Ʒ .ij.

Martis Ʒ .j.

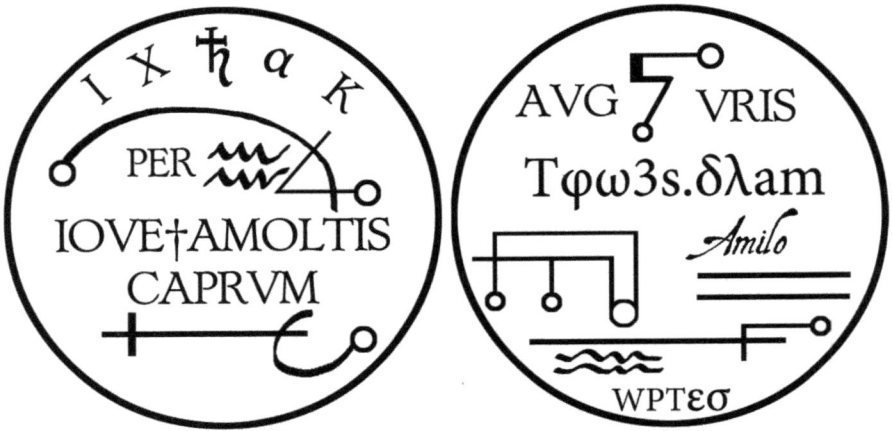

In obgemeldter Stund gossen, und machen diß zum Zeichen graben, und außstechen. Als dann so der Planet Saturnus in neundten Hauß deß Himmels steht, so grab die Zeichen und Wort geschwindt nach einander darauff. Du solts aber nicht anhencken, es sey dann die Sonn unter die Erden: Dann soll er in der Stund Saturni sein: So wirdt dich diß Sigill für die Läme und kalte Gesücht, und Erstarren der

Nerven und Spannadern[82] helffen. Auch ist es zu Erhaltung der Gedechtnuß gut, und macht Leut gefellig den Menschen. Es soll auch für alle vergifft sein, wie du an den Spinnen sichst, so man sie darzu thut, so weichen sie und bleiben nit darbey.

Pisces.

Das Sigill der Fischen soll im Hornung, als die Sonn in das Zeichen der Fisch eintritt, von folgenden Metallen, als von

Gold ℈ .j.

Silber ℈ .ij.

Zinn ℈ .iiij.

Eysen ℈ .j.

Kupfer ℈ .j.

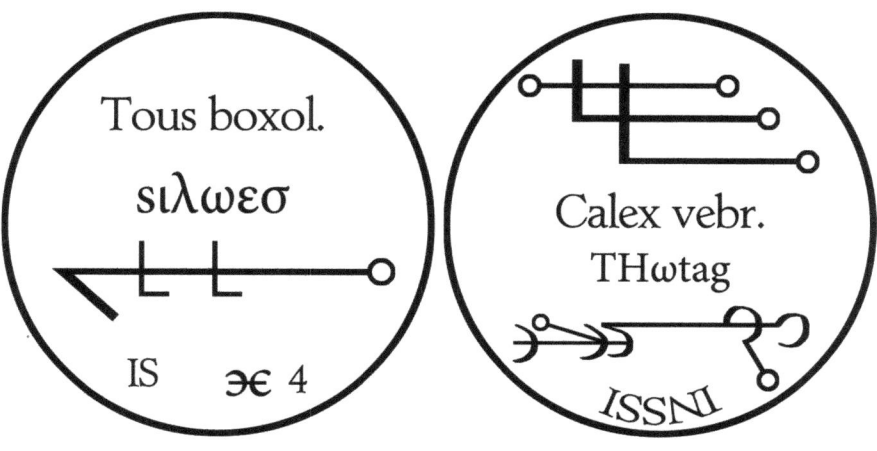

---

[82] Sehnen.

In der selbigen Stund gemacht und gossen werden. Darnach so der gütig Jupiter im achten Hauß im Himmel steht, am Tag und in Stund Iovis angehenckt werden. Das ist das wircklich Instrument den Zorn zu vertreiben, darauß viel grosser Kranckheit, als Läme, der Schlag, Krimmen[83] und andere kommen: Dagegen diß getragen, hilfft wunderbarlich, Mann und Frawen. Es milteret daß Podagra, den Krampf, und alle Wehtagen der Füsse. Dieses Sigill soll so lang an einer Schnur herunder hangen, darmit es under dem Nabel an dem Bauch hang etc.

Also endet sich das Buch de Duodecim
Signis & illorum
Secretis.

---

[83] Nch J. C. Adelung, Grammatisch-kritisches Wörterbuch: Jucken. Auch: kneifen.

Liber Tertius Archidoxis Megicæ

Item, so du ein Coniunction Martis und Sturni am Himmel sihest, so nimb ein Eysen und formier ein Mauß, und besich daß sie fertig sey, ehe die Coniunction verschein oder sich endet, und mach ihr an den Bauch in der Stund Iovis diese Wort, ALBAMATATOX. Darnach so der Mond in Cancro[84] ist, im neundten oder zehnden Grad, so schreib auff die lincke Seiten IγΚΘΕΜΩΧαΧΙΧ. Und so der Mond abnimpt, und im Zeichen deß Fischs, im neundten oder zehenden Grad ist, so schreib auff die lincke seiten כפשחחם: Und auf den Rucken, wann der Mond voll wirdt im Puncto, über den Rückgradt biß zum Schwanz, das Ort mit diesem Zeichen ⚥, so gegen dem Kopf stehn soll,

 NATVRASVA

Darnach mach der Mauß ein lauter bleien Halsband, und im wachsenden Mond an einem Sambstag umb ein Uhr in der Nacht, das ist die erst Stund Saturni, so zeichen diese Character darauff

IL. CON. 3. ♃ ABEλια.

So nun dieses alles verricht, so leg der Mauß das Halsband an, wann ein Coniunction Saturni mit Marte ist, wie vorhin: So stelle die Mauß ungefehrlich an ein Mitte an ein Ort im Haus, so werden alle Katzen und Mäuß auß dem Haus

---

84 Sternzeichen Krebs.

lauffen, und so ein frembde darein kommpt, bleibt sie über ein Stundt nit darinn. So du ein Mauß mit einem Faden an diese Metallische Mauß bindest, so lebt sie über ein Stund nit, sondern stirbt von Stund an, und geschwillt, als ob sie etwas vergifftiges gessen hett, etc.

De Ovibus[85].

Dargegen damit wir nicht allein was zuvertreiben, sondern auch was nutzlich ist zu erhalten, lernen: So hab acht: wann die Schaff mit den schelmen[86] beschwert sind, daß sie sterben, so mach dir ein Lamb oder Schaff von Lehm, wie folget. Nimb umb den Flecken da du wohnest, dreyerley Erden, und nimb Sandt auß fliessendem Wasser, auch bey dem Flecken, da die Schaff den mehrern Teil trincken, knette es wol zusammen, und thue das alles, wann der Mond im Abnemmen ist. Auß solchem Leymen oder Erdreich, mach dir ein Figur wie ein Schaff, und in der Stund wann der Mond gebinnt abzunemmen, so schreib diese Zeichen auff dem Schaff hin und her:

---

[85] Von den Schafen.

[86] Schelmen, von althochdeutsch scelmo, scalmo; bedeutet Aas, Pest, Seuche.

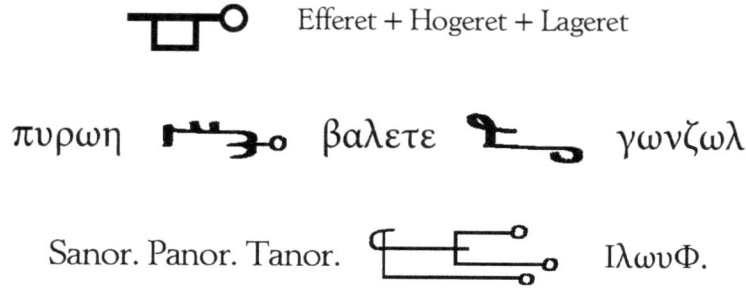

Efferet + Hogeret + Lageret

πυρωη   βαλετε   γωνζωλ

Sanor. Panor. Tanor.   ΙλωυΦ.

Das Schaff stell in den Stall, und bestrewe es mit Saltz, und laß die Schaff darvon lecken. Dann all die Schaff die darvon lecken, oder das Saltz so darauff gelegen ist niessen, weden von dem Schelmen nicht kranck, sterben auch nicht. So aber etlich kranck werden sein, die laß das Saltz lecken, so wer den sie gesundt: So viel vermag die Natur in solchen dingen.

Also mag man auch Ochsen, Schweinen, und andern Thieren, auch Mittel bereiten, doch jedem nach seiner Arth, Zeit und Tag. Dem Rindern Viech, so es das Blut hat, ists sein Pestilentz, gleich wie dem Pferdt die Feiffel[87] sein geher Todt ist, so schreibe zum Blut auff ein new gelegt Ey also:

---

[87] Die Feifel ist die Speicheldrüse der Pferde; hier: Vereiterung der Speicheldrüse.

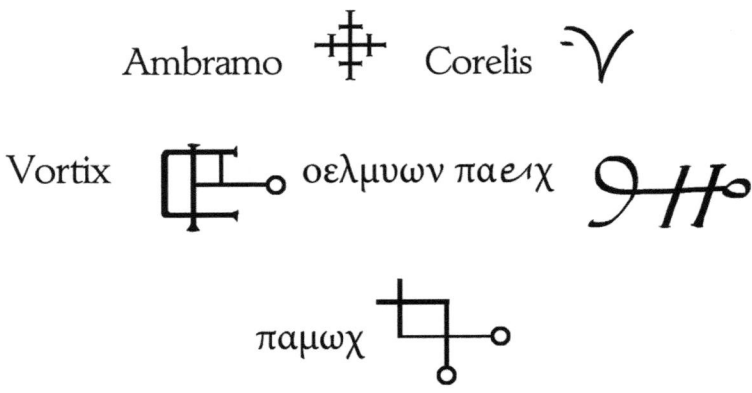

Ambramo ⊕ Corelis ˅

Vortix ⊏⊐ οελμυων παειχ ⟩⧸⧸

παμωχ ⊐

Thue dem Viech das Maul auff, und zerdrück im das Ey auff der Zunge im Halß, und laß ihms hinab rinnen, es ist genesen von Stund an: Doch soll es in zwölff Stunden nicht trincken.

Gleicher Gestalt thue dem Roß, so die Feiffel hat, zerdrück ihm das Ey im Halß, allein das da für das Wort AMBRAMO deß vorigen Creutzes Wort und Zeichen machest, KVPFAMILON:

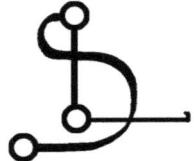

So wird das Roß geschwind vomieren[88]: Darnach gib ihm ein Futter mit Saltz und Essig, und über zwölff Stund trencks. So bald das Pferd das Futter gessen hat, so reit es ein Stund

---

[88] Erbrechen.

oder zwo umb, damit es schwitze, darnach laß raste. Dieses sind der Natur Geheimnissen, die Zeit und Tag vermögen, das ohn achtung der Zeit nichts geschehen mag.

Ad Muscas[89].

Die Fliege oder Mucke betrüben den Menschen offt, ist auch etwan zu Sommers zeiten bey dem Essen, ein unlustiges Wesen. So sie dir also Anreitzung geben, so soltu ein Pfriemen[90] haben, der von lauter Stahl gemacht, und also zugericht sey an Vollem Mond, so der Bruch am Himmel ist oder geschieht, so mach diese Zeichen auff das Hefft des Pfriemens.

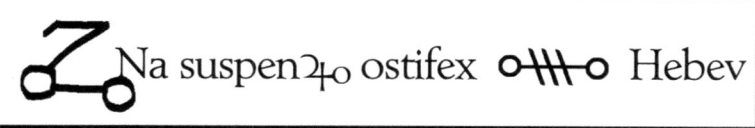

Darnach sollt du vom Hefft an biß an Spitz, drey lang Stich machen, den ein in Newn Mond, den andern in einem andern Vollmond, den drittem wider im Newen Mond. Darnach wan ein Coniunction ♄ und ☽ ist, so schreib diese Wort auff den Pfrimen, der länge nach, wie die Figur zeigt.

---

[89] Zu den Fliegen.

[90] Werkzeug zum Löcher stechen, auch Ahle genannt.

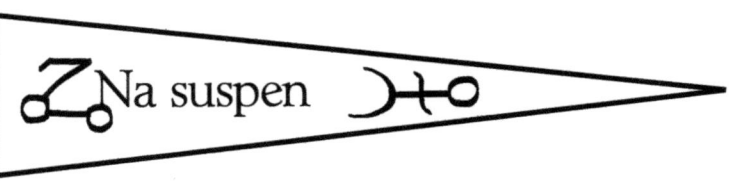

Wann du dann diesen Pfriemen in ein Wand stechest, es sey wo es wolle, und macht ein Ring mit einer Kreiden darumb, eines Tellers groß, so kommen alle Mucken in denselbigen Ring zusammen, und sitzen all da so lang, bis du den Pfrimen wieder herauß zeuchst, als dann fliegen sie an ihr Ort und Plagen die Leuth wie vor, etc.

Liber Quartus Archidoxis Magicæ

DE TRANSMUTATIONE METALLORUM, & TEMPORE EORUM[91].

So du Goldt willt mutieren in Silber, oder Silber in Goldt, oder sonst ein Metall in das andere: So soltu dieser nachfolgender tafel acht nemmen. Dann es warlich nicht die geringste Ursach ist, dadurch du zu dem Ende deß fürgenommen Wercks desto ehe und ansehenlicher kommen magst.

Tabula Transmutationis Metallorum.

Zu Transmutieren Solem in	☽ ♀ ♂ ♃ ♄ ☿	So beginne, wenn der Mond ist im sechsten Grad	♋ ♉ ♈ ♓ ♒ ♍	Allweg in der Stund deß Planeten, darein du ☉ oder die folgenden mutierest.	☽ ♀ ♂ ♃ ♄ ☿
♄	☉ ☾ ♂ ♀ ♃ ☿	Fang an, so der ☽ ist im 20. Grad	♌ ♏ ♋ ♉ ♃ ☿	In der Stund	☉ ☾ ♂ ♀ ♓ ♍
☿	☉ ☾ ♀ ♂ ♃ ♄	1. Grad	♌ ♍ ♋ ♉ ♓ ♒	In der Stund	☉ ☾ ♀ ♂ ♃ ♄

[91] Von der Transmutation der Metalle und ihrer Zeit.

☽	☉ ♀ ♂ ♃ ♄ ☿	12. Grad	♌ ♎ ♏ ♐ ♈ ♊	In der Stund	☉ ♀ ♂ ♃ ♄ ♂
♀	☉ ☾ ♂ ♃ ♄ ☿	9. Grad	♌ ♋ ♑ ♒ ♓ ♐	In der Stund	☉ ☾ ♂ ♃ ♄ ☿
♂	☉ ☽ ♀ ♃ ♄ ☿	18. Grad	♌ ♋ ♉ ♐ ♏ ♍	In der Stund	☉ ☾ ♀ ♃ ♄ ☿
♃	☉ ☽ ♀ ♂ ♄ ☿	3. Grad	♌ ♋ ♎ ♍ ♒ ♓	In der Stund	☉ ☾ ♀ ♂ ♄ ☿

Exemplum.

Wann du wilst Gold in Silber verwandeln, so soltu deinen anfang thun ind er Stund Lunæ, so der Mond im sechsten Grad deß Krebs ist. Also solt du die vorgehende Tafel von verenderung der Metallen auch verstehen. Dann alle Irdische Anfang, Geschäfft und Handthierung, werden am füglichsten und glücklichsten vollführet, nach Lauff deß Himmels und der Planeten: Dieweil wir Menschen all nach der Wirckung deß Firmaments, durch den höchsten Gott verordnet, geregiert werden, einer Kranckheit daran wir gesundt werden, oder Gesundheit erlangen. Dann es ist in Artzneyen dieser Wirckung gleichfalls acht zu halten: dann die Simplicia offtermals nach der Zeit ihre Wirckung haben, etc.

Lectoris.

Günstiger Leser, es werden die Characteres und Sigilla in vorgehenden drey Büchern ungleich gefunden, vieleicht auß ursachen, daß sie (wie offt geschieht) auß Unfleiß nicht eygentlich abgerissen und geschnitten worden. Weil nun das Autographum nicht vorhanden, habe ich dieselbigen, wie sie in der vorigen Teutschen Edition gefunden, bleiben lassen. Damit aber dem Leser nichts abgieng, folgen jetzt die Sigilla und Characteres alle widerumb hernach, auff ein ander Gattung, wie sie Gerardus Dorn in seiner Lateinischen Edition hatt setzen lassen: Wo er derselben Abcontrasetung bekommen, ist mir unwissend. Das Iudicium aber und Discretion, welches die rechten seyendt, stehe bey dem verstendigen Leser, der solche will brauchen und zurichten lassen, etc.

Libri Primi Archidoxis Magicæ Sigilla, à superioribus
variantia.

Für die Fallende Sucht.

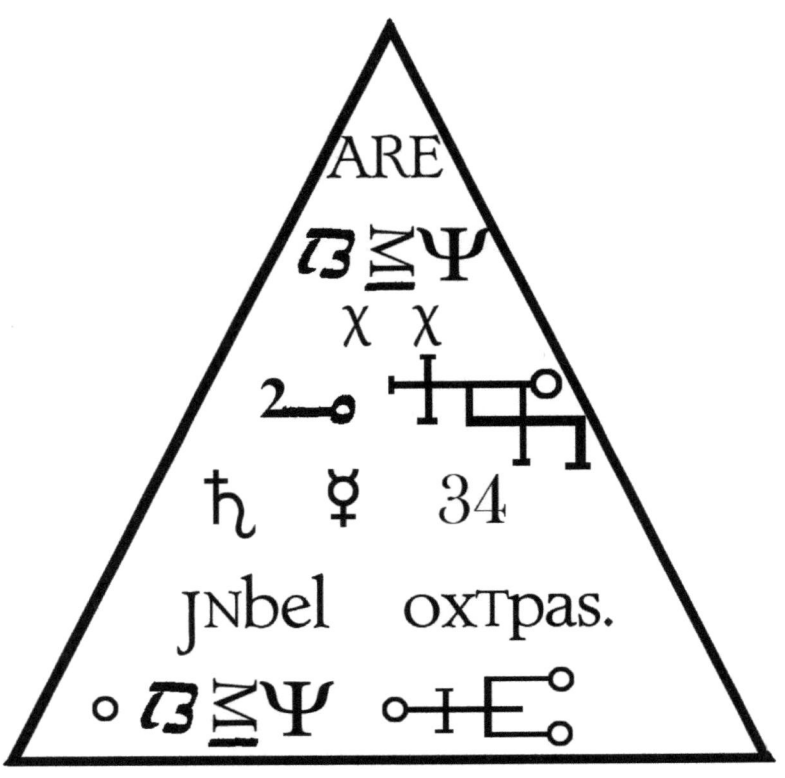

Zur Erhaltung des Gesichts.

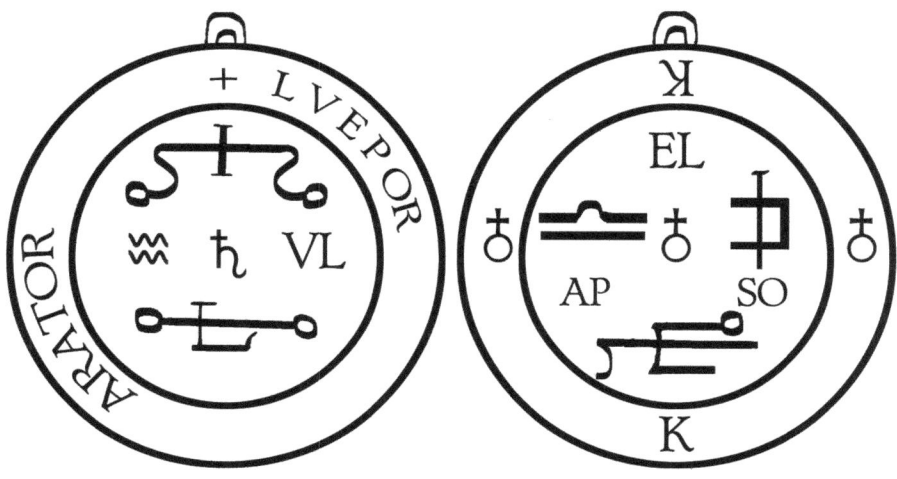

Zum Hirnschwinden, etc.

Contra Paralysin.

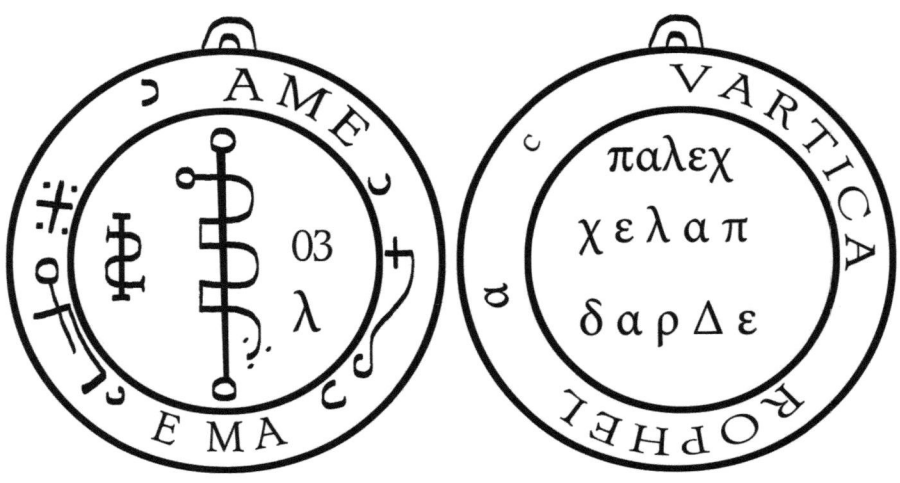

Für den Lendenstein.

Zu hart daurenden Rossen.

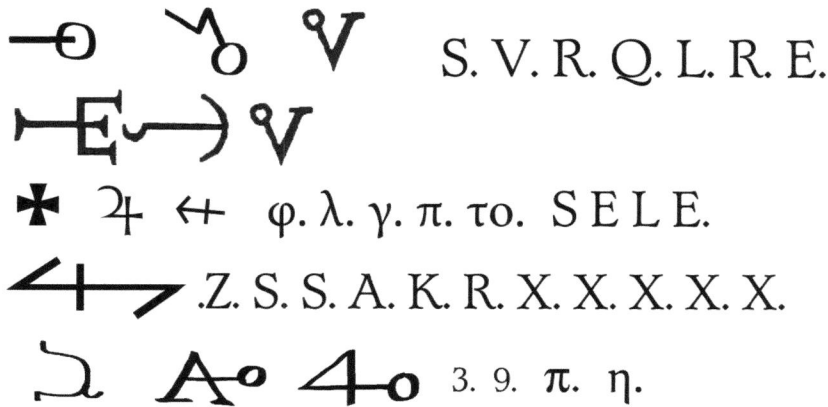

S. V. R. Q. L. R. E.

φ. λ. γ. π. το. S E L E.

.Z. S. S. A. K. R. X. X. X. X. X.

3. 9. π. η.

Für das Podagra.

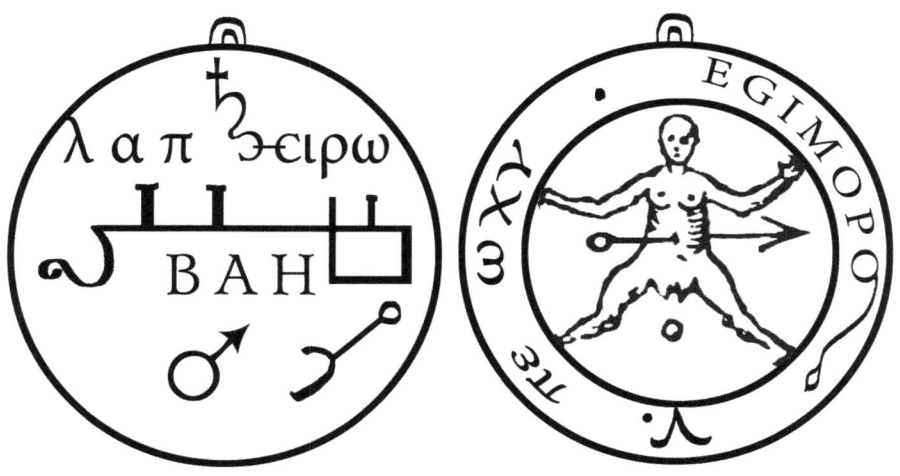

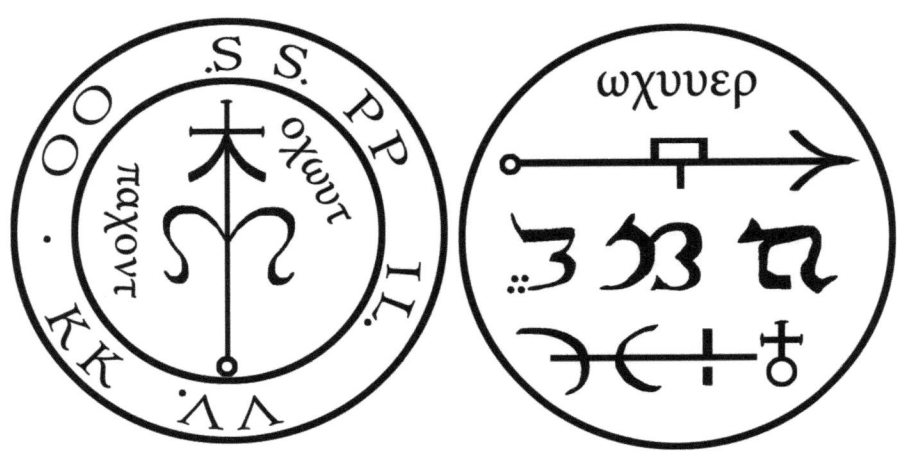

Zu den Geburtsgliedern.

AVGALIRIOR σαλιχχαγφιλ וכבא

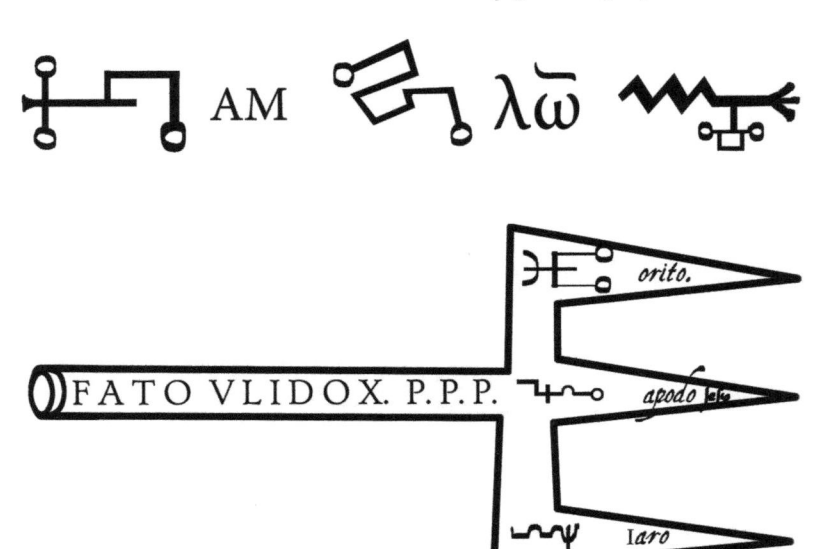

Zur Contractur.

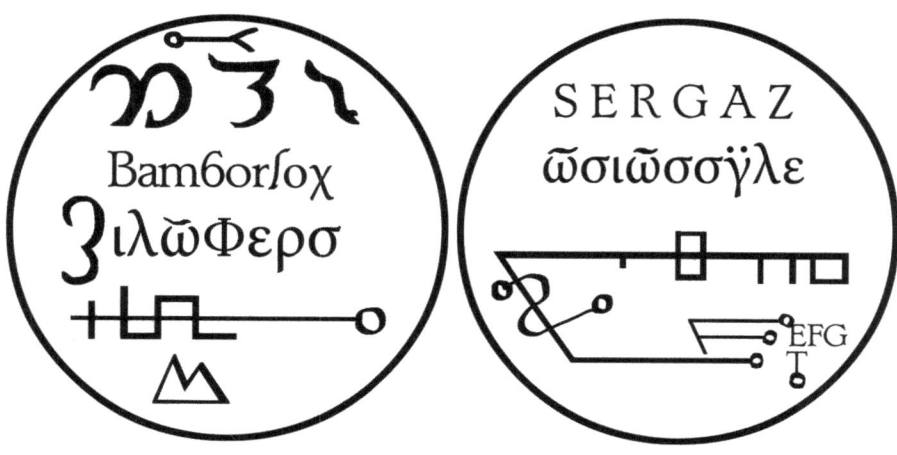

Zum Blutfluß der Frawen.

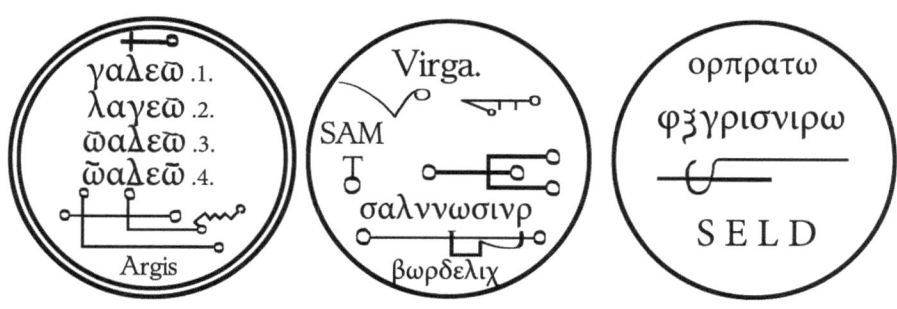

Ad Lepram.

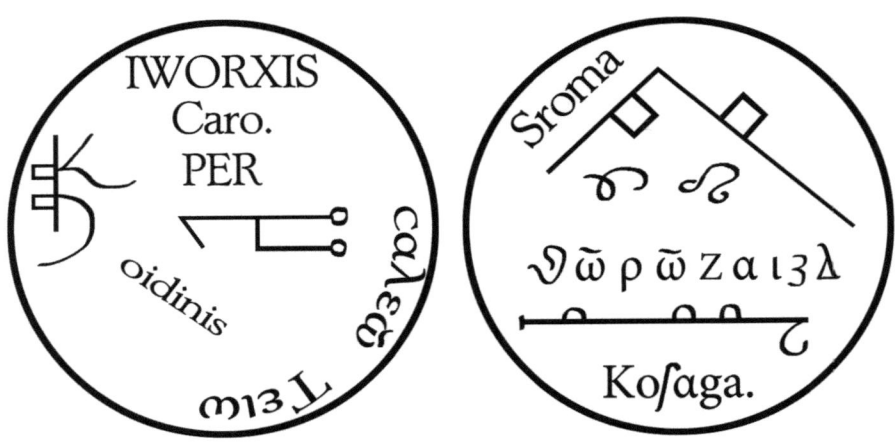

Zur Schwindelsucht.

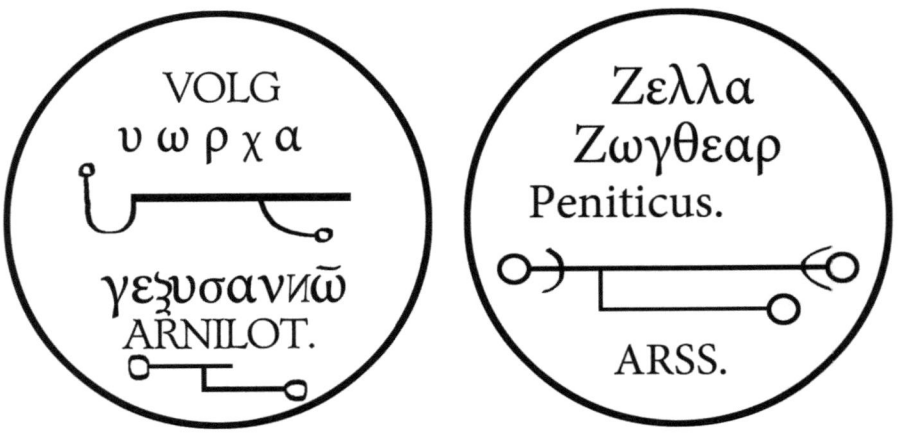

Zum Krampff.

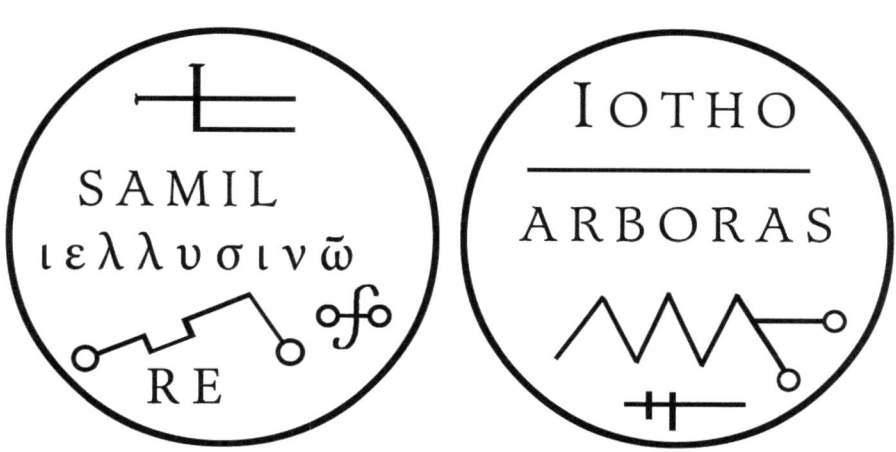

Zum Hertzzittern.

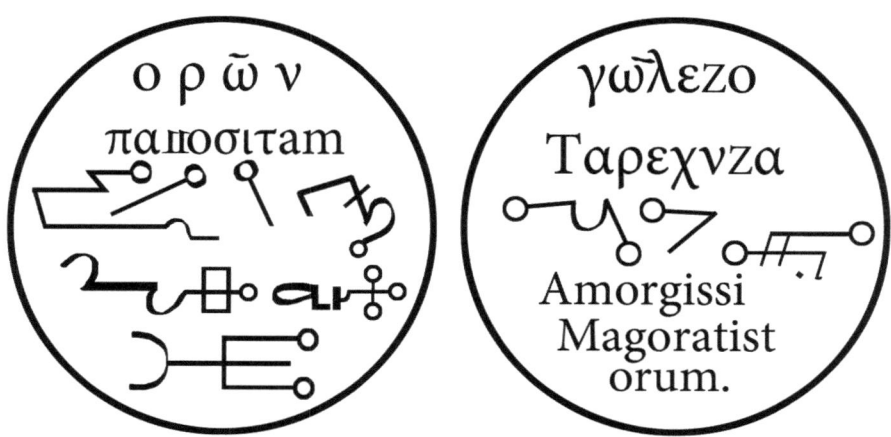

Libri Secvundis Sigilla, Nempe duodecim Signorum Zodiaci.

Arietis.

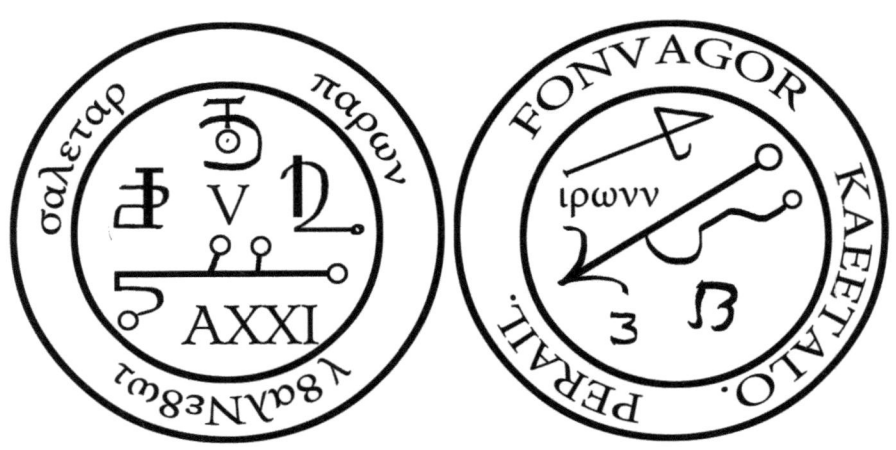

Tauri.

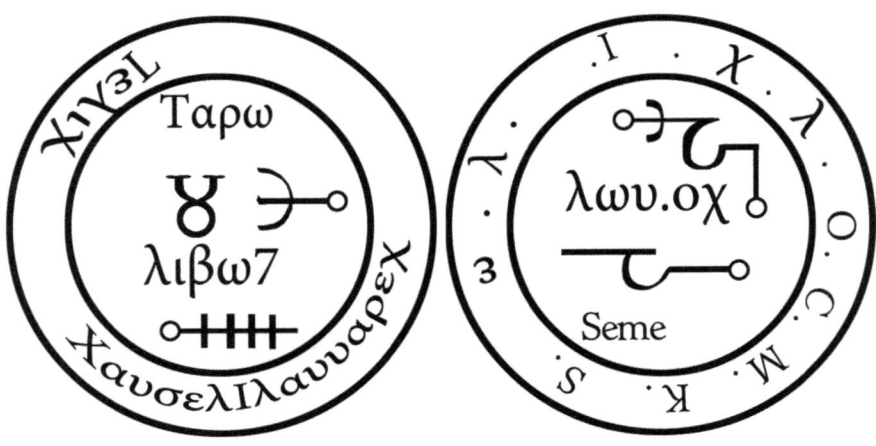

Geminorum.

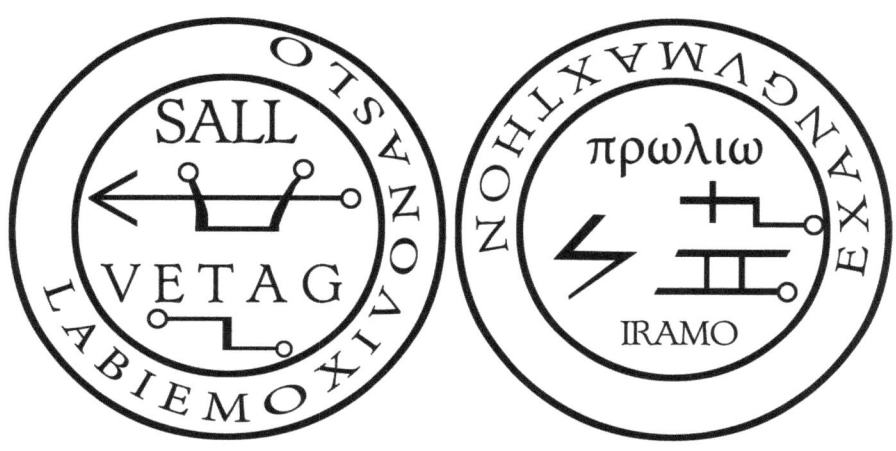

Cancri.

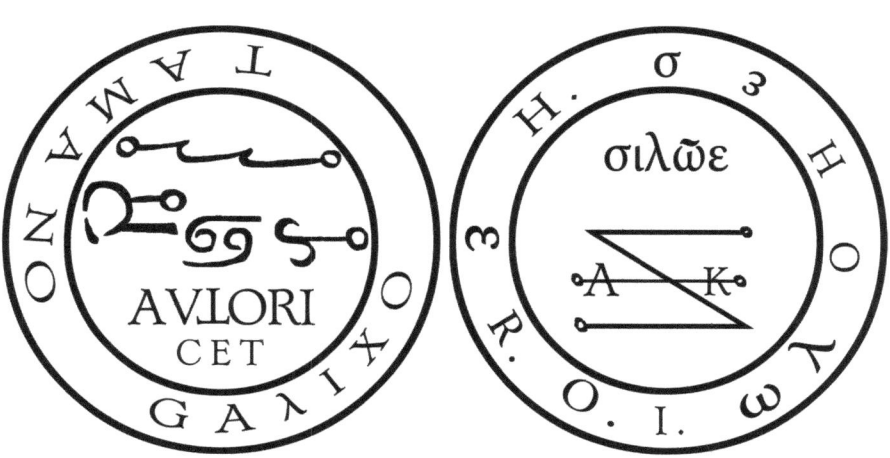

Leonis.

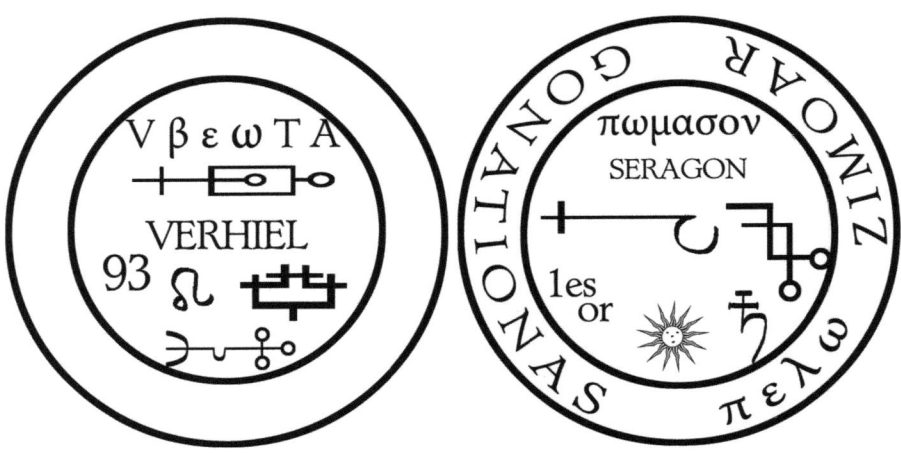

Virginis.

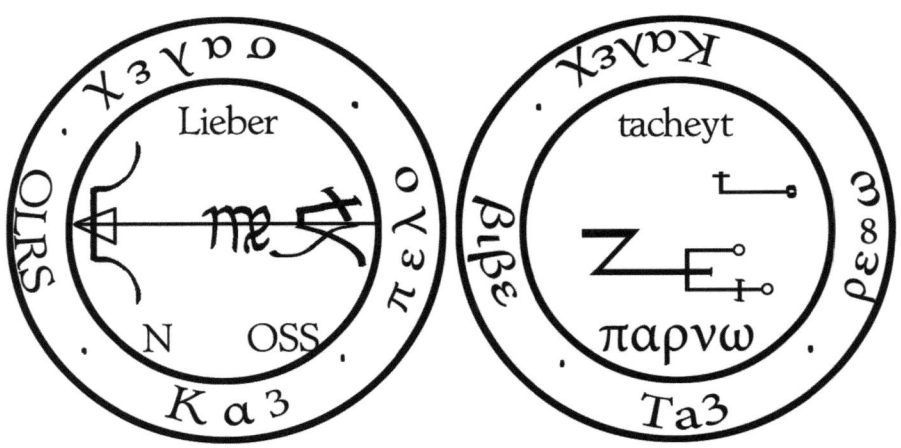

Libræ.

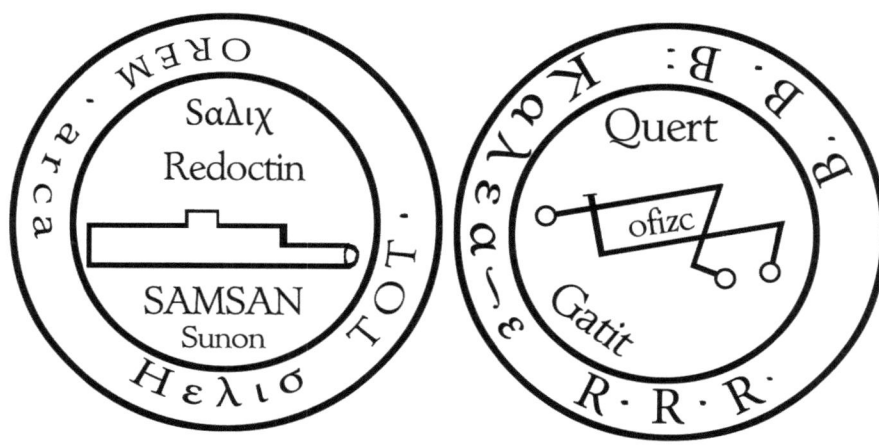

Scorpionis.

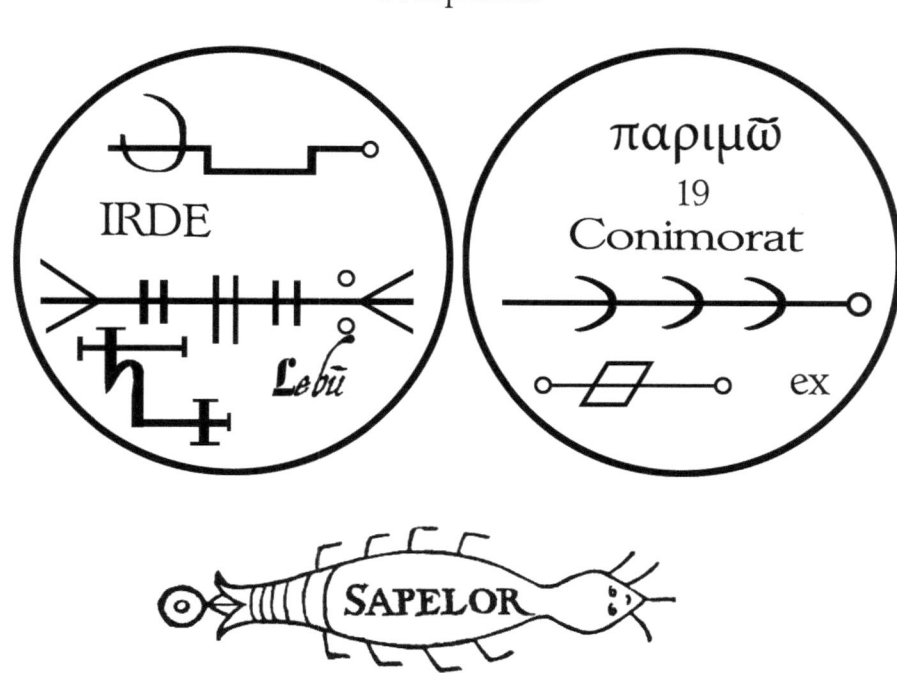

Sagittarii.

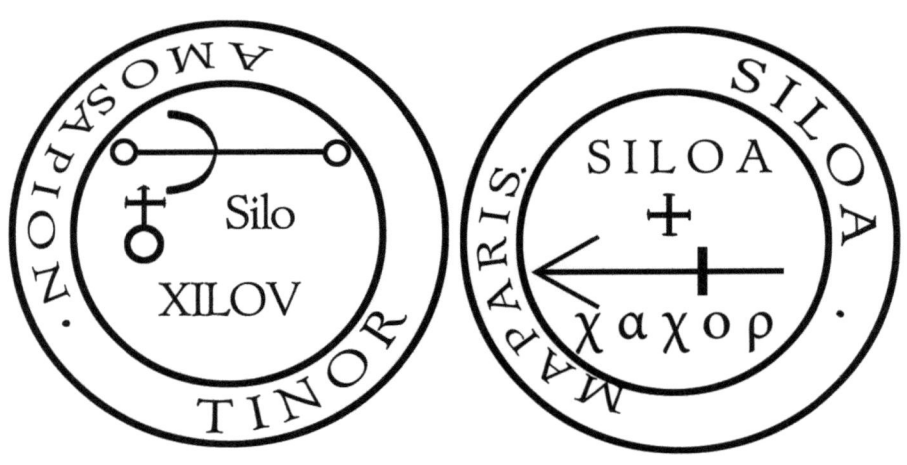

Capricorni.

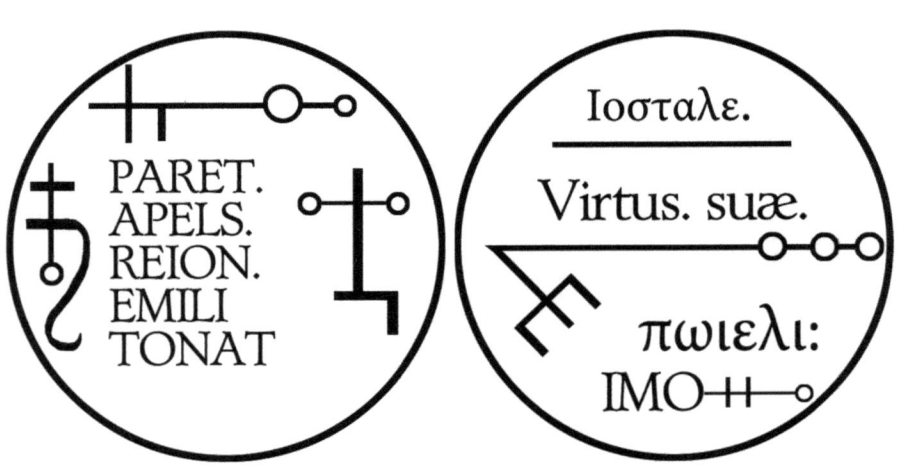

Aquarii.

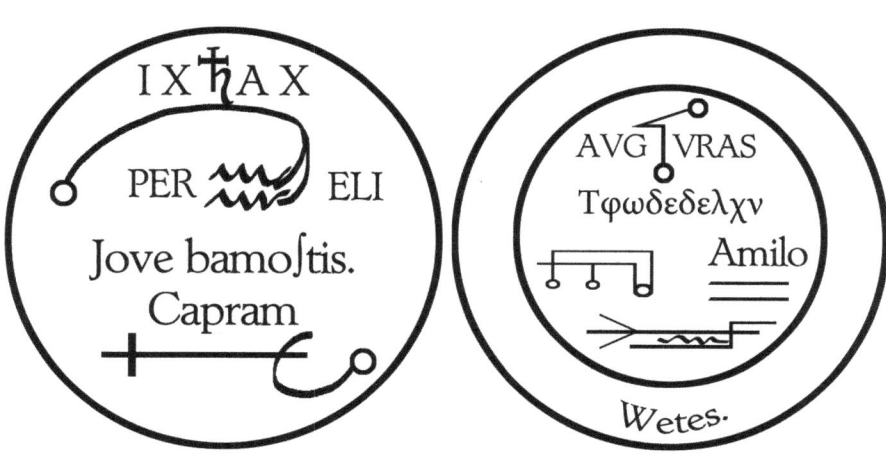

Piscium.

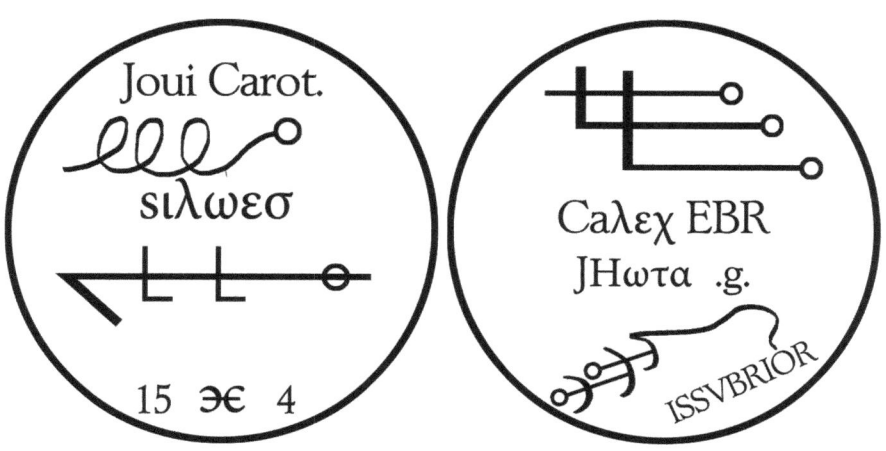

Libri Tertii Characteres, A superioribus quodammodo variantes.

Contra Mures[92].

ALBOMATATOX.

Ιυθϛμωραλιζ

יודשחהכ

IO. NATURA SVA.

I L. CON. 3. ♃   Α Β Ε λ ι α

Contra Muscas[93].

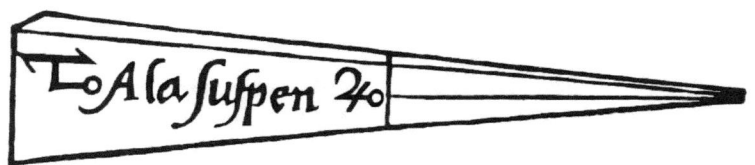

Ibidem.

---

[92] Gegen Mäuse.

[93] Gegen Mücken.

Pro Ovibus[94].

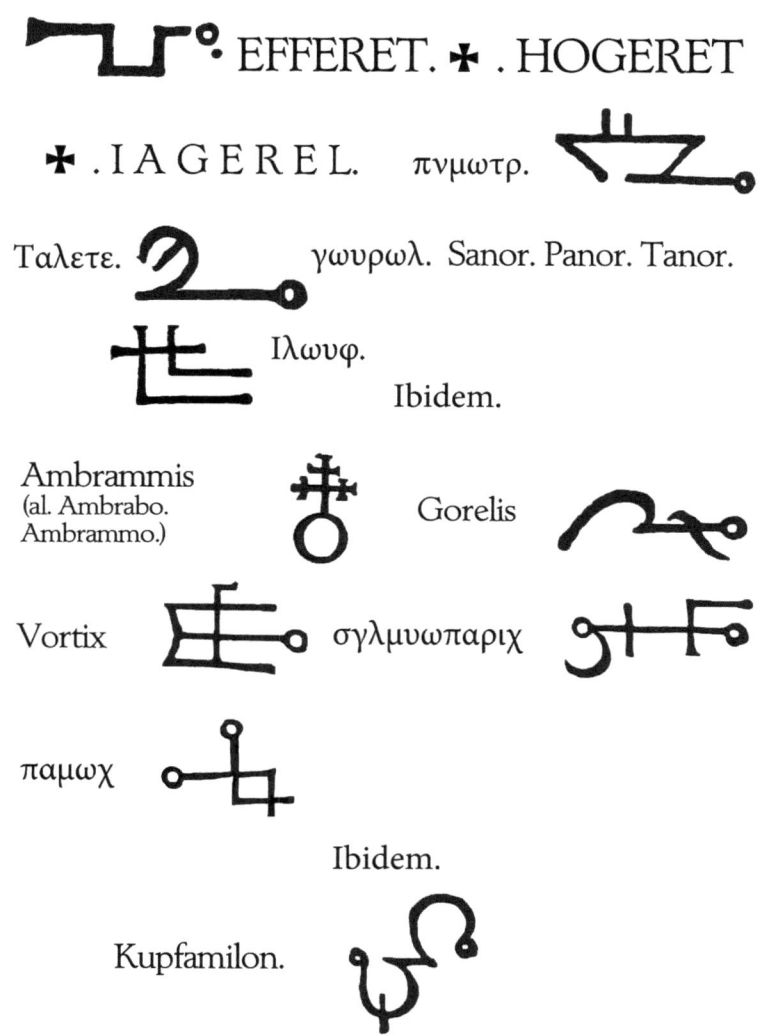

EFFERET. ✝ . HOGERET

✝ . I A G E R E L.   πνμωτρ.

Ταλετε.   γωυρωλ. Sanor. Panor. Tanor.

Ιλωυφ.

Ibidem.

Ambrammis
(al. Ambrabo.
Ambrammo.)   Gorelis

Vortix   σγλμυωπαριχ

παμωχ

Ibidem.

Kupfamilon.

[94] Für Schafe.

Liber Quintus Archidoxis Magicæ

De Speculi Constellatione.

Diß Königlich Instrument zubereiten, ist es anfänglich diese Meinung, daß es alle Monat durch das ganz Jahr angefangen werden möchte, wann man allein eigentlich achtung hatt, welches Zeichen am Himmel Ascendens sey. Auch ist fleissig Achtung zu haben, den Anfang eines jeden Zeichen mit seinem Gradu über dem Horizonten, mit sampt dem Mittägischen Zeichen, Medium Cœli[95] genannt.

Zu diesem soll man geigentlich wissen, in welchem theil deß Himmels ein jeder Planet sey, zu der Stund und Tag deß Anfangs dieses Mysteriums: Auch ob der Planet über oder unter der Erden sey, und wann er aufsteigen werde, über unsern Horizontem. Auch die Coniunctiones und Zusammenfügungen der Planeten: Item, man soll wissen in welchem Zeichen und Gradu die Sonn oder Mond sey, gantz eigentlich: Darzu alle Volle, Viertel, item newe Monschein. Auch daß man die rechten, wahren Æquinoctia[96] habe: doch nicht nach den Tafeln Ptolomæi gerechnet. Dann die Ursach ist die, daß Ptolomæi Tafeln sind gemacht worden, Anno à nato Christi 140. Ist damals das Æquinoctium gewesen am 31. Martij, und zwey Uhren, vier Minuten nach Mittag,

---

[95] Das Medium coeli (MC) oder die Himmelsmitte (lat.: medium = Mitte, coelum = Himmel), seit ca. dem 4. Jahrhundert setzte sich das MC als Spitze des 10. astrologischen Hauses durch (Vgl. Knappich, 1959).

[96] Tagundnachtgleiche, jewils der astronomische Frühlings- bzw. Herbstanfang.

derhalben es jetz zu unsern Zeiten, nemlich 1537 fast fünf Tage, sieben Stunden, und sechs und dreissig Minuten verfallen. Deßhalben soll man hie im Anhang dieser herlichen Kunst, auch deß waren Æquinoctij achtung haben, und soll das Orth deß Æquinictij genommen werden, in der Ecliptica deß deß Achten Himmels, welchen Ich nenne deß Widders Anfang, von wegen der Zertheilung. Dann der erste Theil bey dem Æquinictio auß der Ecliptica helt vier und zwentzig Minuten der Neigung, als dann haben wir den Tag Æquinoctij. Da ist alsdann der Sonnen Ort nahend bey der Ecliptica zertheilung, und deß Æquinoctij sechsten Circkel am achten Himmel. Und diß ist der gewiß Punct. Derhalb wo man die Sonn setzt, es sey im Auffsteigen oder am Mittel deß Himmels, medium Cœli genannt, oder auch im Nidergang, das wirdt der Anfang deß Widders seyn, und der Zeichen. Und so die Sonn an diesem Ort ist, so erkennet man eigentlich die Stund am Tag, auß welchem man hernach an dem Anfang deß Widders und der Zeichen, es stehe am Himmel wo er wölle, sein empfindtlichen Locum wissen, und also darnach durchauß das gantz Jahr, durch den Lauff der Sonnen und ihren Ort, dem Ascendenten im Auffgang finden. Es sollen auch etlicher Planeten Örter genommen werden, und nach vergleichung Eclipticæ, welches ich, Theophrastus, wie die Vergleichung der Zertheilung im achten Himmel (beschrieben.) Und also, so man dieser dingen eigentlich Bericht hatt, so hebt man die Kunst an. Man nimpt diese nachfolgende sieben Metalla bey diesem Gewicht, doch nach dem sie purgieret und gereinigt worden sind, jedes auff sein arth, wie hernach folgt, also.

Rec. Gold zehn Theil oder Loth

Silber zehn Theil	Kupffer fünff Theil
Zinn zwey Theil	Bley zwey Theil
Eysen ein Theil	Quecksilber fünf Theil

Diese purgierten Metalla muß man jedes besoners in einem Papier behalten. Es wirt auch allein angezeigt von eim Spiegel: dann so viel Goldt kompt zu eim Spiegel: der ungefehrlich diese Grösse hatt, wie hernah verzeichnet.

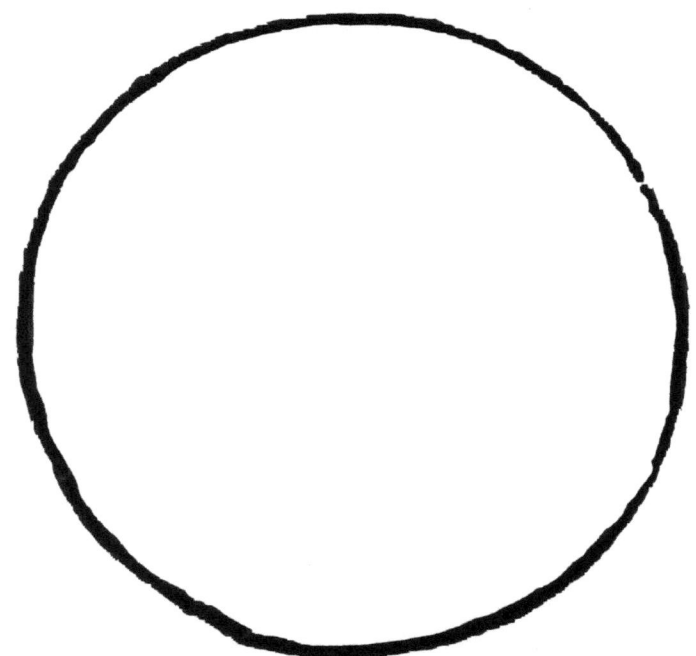

Deß Spiegels grösse.

Nuhn aber sollen alle zeit dieser Spiegel drey seyn. Dann in dem Einen sieht man alle Contrafetung der Menschen, als von Dieben,

Feinden und anderen Personen: dergleichen von Gestalt deß Viechs, Kriegsrüstungen, Schlachtordnung, Belagerung: Item, alles so die Menschen thun und vollbringen, oder auch vollbracht haben, es sey Tag oder Nacht das sieht man darinnen. Item im Andern sihet man Schrifftlich alle vergangne und geschehne Reden, Wort, Anschleg, wo und von wem die geredt sind worden, sampt allem dem, was in Rathschlegen abgeredt und beschlossen ist, mit allen ursachen derselbigen: Doch daß es vorhin geschehen sey, dann man nichts Zukünftigs darinnen sehen oder erkennen mag.

Im Dritten sihet man alle Geschrifft in Brieffen, Büchern, und alles so in der Federn seyn mag, wie heimlich und verborgen es immer ist.

Und in Summa, so erscheinet dem Menschen auff welchen diese Spiegel gericht seind, alles das, so unter dem Horizonte geschehen oder vergangen ist, es sey nahend oder fern, Tags oder Nachts, heimlich der offentlich. Und die Spiegel müssen auff eine gewisse Person gemacht werden: Die andern Menschen, auff welche es nicht gemacht, die können nichts daraus sehen.

Es ist auch zu wissen, so man den Spiegel grösser machen will, nimbt man der Metall auch desto mehr, und jhe grösser der Spiegel ist, jhe besser es ist, und je baß[97] man darin sehen mag. Dann so man groß Versamlung, als in Kriegen, Schlachten oder andern dergleichen Ding sehen will, so mag man in so kleinem Begriff nicht die Person, Roß, Viehe, und deßgleichen Ding, so gar underschiedtlich sehen, das aber in einem grossen baß gesehen werden mag. Doch nimpt ein kleiner als viel Mühe und Arbeit zu machen, als ein grosser, allein daß

---

[97] Altes Wort baß für *weiter* und *sehr* bzw. hier: *mehr*. Klingt noch im Wort besser durch.

der grosso desto mehr Metall braucht, und etwas mehr Arbeit zudem Polieren, dann der kleine.

Nach dem die Metall geformiert, und pur, rein und lauter sind, sollen sie darnach zu diesem Werck weitter purgiert werden also. Es dienet auch wol darzu, so man jedes Metall in der Stundt deß Planeten, so ihm zugeeignet, anfange zu purgieren, und auch daß man die Aspectus ad illum Planetam bonos vel mals, bonorum vel malorum Planetarum obseruiere.

Goldt.

Das Goldt, so es drey mahl per Antimonium gossen, und nachmals durch Saturnum abgetrieben und geleutert wirdt, bedarffs sonst keiner andern Purgatz mehr: Allein daß es gantz dünn geschlagen, und in Saltzwasser gelegt werde vier und zwetzig Stundt, darnach mit lauterm Wasser sauber geweschen, und mit einem reinen Tüchlein gettrücknet werde, demnach behalten, biß zur Zeit da mans nützen will.

Silber.

Mit der Purgation deß Silbers hatt es diesen Weg, nach dem es dünn geschlagen, seudt[98] man das in Wasser, darinn gesotten Weinstein und Saltz soluiert[99] ist, darinne seudt mans ungefehrlich ein viertheil Stundt: Dann auß lautterem Wasser gewaschen, und mit

---

[98] Kochen.

[99] Gelöst.

einem saubern Tuch wol abgettrücknet. Und auch besonders behalten, biß auff die Stundt der Nützung.

Kupffer.

Das Kupffer soll man legen in Vitriol Wasser (al. Campher Wasser), mit Essig vermischet sechs oder ach Stundt, so purgiert es sich, darnach sauber waschen und trücknen, und wol behalten.

Eysen.

Das soll gefeilet Eysen seyn, doch den Staub sauber davon gewaschen, und ob einer Glut wider trucken gemacht.

Bley.

Zerlass das Bley in einem Eysenen Löffel, und wirff einer Bonen groß Wachs darauff, laß es darauff verbrennen, darnach geuß in lautter Wasser.

Zinn.

Zerlass auch das Zinn, und wirff Unschlit[100], Wachs oder Honig darauff, und laß es dann darauf verbrennen, dann in Wasser geossen, darnach getrücknet und behalten.

---

[100] Talg.

Quecksilber.

Das truck drey mahl durch ein Leder in ein sauber Hültzes Geschirr: Was durchgeht, ist gut und purgiert zu diesem Werck: Was im Leder bleibt, ist nichts werth.

Diese Metall nach ihrer gehabten Purgatz behalts jedes besonder, und ist nun alles bereit zum Anfang.

Nach diesem soll man eygentlich und gewiß wissen der Person Complexion, es sey Weib oder Mann, der dieser Spiegel gemacht werden soll, durch Stellung einer Natiuiter[101], wie wir zuvor deutlich beschrieben haben. Richt wie etlich stellen, von dem Tag und Stund der Geburt her, sondern das wirdt die recht Natiuiter Stellung geheissen, so mans her nimbt von den Stunden und Puncten, wann Gott der Allmechtige, der Frucht im Mutterleib die lebendige Seel sendet, und das Kind das erste Leben empfecht: Wie man das dieselbigen Stunden auß den Gründen, welch ich Theophrastus gemacht und verlassen hab, eygentlich einem jeden Menschen, er sey Alt oder Jung, weissagen kan.

So man nun der Person Natiuitet gestellet hat, und ihr Complexion sampt den Planeten und Zeichen erfahren und empfangen, so hatt man zu diesem Werck genug. Man bedarff hier nicht wissen sein Glück, Unglück, Todt, Leben, Kranckheit, oder anders, wann man allein die Revolution deß Jahrs, darinnen der Mensch geboren ist, darzu hatt.

---

[101] Geburt, von Lateinischen natiuitatis.

Hienach folgt die Tafel, darinnen man den Anfang hatt deß Spiegels, auff ein jeden Menschen, er sey eines Planeten welches er wölle.

Ist der Mensch ein Kind deß Planeten: So ist der Anfang im Grad deß Zeichens.	Gradus der Zeichen der Planeten.	Heuser deß Himmels.	Die Sonn in dem Gradibus der Zeichen.	Der Mond in dem Gradibus der Zeichen.
♄	♒ 12. Grad	12.7.	☉ 5. Grad	♒ ☽ 12. Grad
♃	♐ 12. Grad	11.3.	☉ 13. Grad	♐ ☽ 19. Grad
♂	♈ 12. Grad	10.8.	☉ 9. Grad	♈ ☽ 10. Grad
☿	♍ 3. Grad	6.2.	☉ 13. Grad	♍ ☽ 7. Grad
☉	♌ 12. Grad	1.5.	☉ 12. Grad	♌ ☽ 4. Grad
♀	♉ 7. Grad	9.7.	☉ 1. Grad	♉ ☽ 20. Grad
☽	♋ 6. Grad	4.1.	☉ 10. Grad	♋ ☽ 6. Grad

Als ein Exempel.

Ist der Mensch oder die Person ein Kind Saturni, so soll der erst Anfang seyn, wann der Planet Saturnus in seinem eignen Hauß, das ist, im Wassermann ist: Oder so es mit dem Saturno der Zeit halben nit seyn mag, Daß er doch auffs wenigste im 12. Hauß deß Himels, das ist, im Hauß deß Unglücks, feindschafft, neidts und alles bösen, und als dann auch die Sonn steht im 5. Gradu deß Wassermanns, und der Mond im mittelen oder 12 Grad deß Wassermanns: So nimb das vor gewegen und purgierte Bley, gleich in den Puncten und Augenblick, so der Mond erscheinet in der ersten Staffel deß 12. Grads deß Wassermanns, thue es in einen newen Tigel und in das Fewer, so vorhin alles darzu bereittet seyn soll: Laß es schmeltzen, als dann so bald es fleußt, thu es vom Fewer, deck den Tigel fleissig zu, und laß es stehn biß auff die Zeit, daß der Planet Iupiter steht am Himmel, oder im 11. Haus deß Himmels, oder daß er ist im 11. Gradu deß Schützen, und der Mond den 19. Grad deß Schützen erreicht, und die Sonn auch im selbigen Zeichen deß Schützen, und im 13. Grad ihren Gang führet. Als dann nimpt man das Zinn, welches zuvor gewogen und purgirt ist, zu händen, und thut vorgemeltes geschmeltzt Bley in Tigel in das Fewer, laßt es fliessen, und wanns fleußt, wirft man das Zinn auch darzu, und laß mit c.a. fliessen, und als dann mit einem Höltzlin gerüret und wol geschmetzet, als dan herauß gethan und zugedeckt wie vor: Und laßt es stehn wie vorhin, biß auff den Martem. Und also geschicht es weiter mit allen anderen Metallen, nach innhalt der Tafel, biß die Metall all zusammen kommen.

So aber Venus ein Herr der Geburt ist, so hebt man mit dem Kupffer an, und fort also, Venus, Mercurius, Sonn, Mond: und facht am Saturno oben wieder an, durch Iupiter und Martem, also biß auff die Venus, und gehet durch und durch, daß man allwegen den Herren der Complexion oder der Geburt, zum ersten nimpt: Allein so Mercurius Herr der Geburt ist, so ist er allweg der letzte, auß Ursach, daß sein Metall nicht in Fewer bleibt, dann es reucht alles hinweg. Aber sonst soll er also in der Ordnung also bleiben und seyn, außgenommen wann er Herr der Geburt ist, so ist er der letzte, jedoch zu seiner Zeit.

So nuhn die Metall alle sieben, wie gemeldt, hinein gebracht, als dann soll man zwo glatt Eysine Taflen haben, und vor ein Eysinen Trot an die Zargen oder Deckel machen, so groß als der Spiegel seyn soll, auff daß, so man den Deckel oder Zargen zwischen beyden Eysine Tafel legt, daß man als dann den Spiegel darein giessen möge. Doch soll die Zarg oben ein engen Eingang haben, damit man die Metall hinein schütten könne, wie nachfolgende Figur anzeigt, die einer Flaschen gleich formirt ist. Als dann mach die Eysin Taflen vor dem Eingiessen warm, und bestreichs mit Unschlitt, auff daß die Metall nicht anhangen, und die Spiegel fein glatt werden.

Also ist die Form oder Gießfläschen geformiert, darin der Spiegel gegossen wirdt.

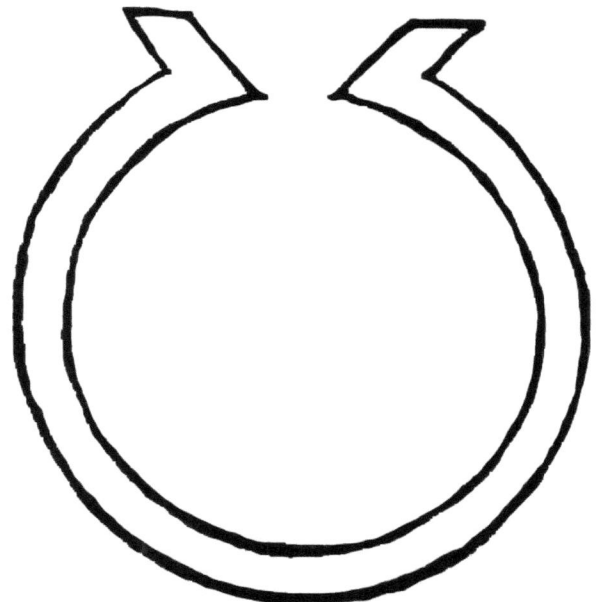

So nuhn diß alles verrichtet, soll man der Zeit gutt achtung haben: Und so der Herr der Geburt unter der Erden ist, das ist, so er im 1. 2. 3. 4. oder 6. Hauß deß Himmels steht, und der Mond im Hauß deß Geburtsherren in 10. Grad ist und doch sonst kein böser Aspect vorhanden, als da sind □ und

△ Aspect, oder ☍: Als dann so schmeltz die Metall, die all beysammen im Tigel sind, und geuß die in dem Nammen Gottes in die Form. Das ist nun der erst Spiegel, in diesem sich man alles, was man Leiblich oder Wesentlich sehen will, als Menschen, Bilder, Häuser, Thier: Doch soll der Guß ungeferlich im Puncten und Augenblick, so der Mond den 10. Grad erschreitten thut, das soll und mag geschehen, es sey Tag oder nacht, es gilt gleich.

Darnach thu den Spiegel auß der Form, leg den bosonder, und nimb das überig von Körnern oder Abgang der Metallen, geuß das in ein Tigel zusammen, doch nicht ehe, es werde dann ein Coniunction deß Herrn der Geburt mit dem Mond: In derselbigen Stundt der Coniunction, geuß die Metall wider in ein Stuck, und laß es im Tigel stehn, und rüst[102] die Form: Und wann der Herr der Geburt steht im 10. Hauß am Himmel, das ist in Medio oder am Höchsten deß Himmels, so geuß den anderen Spiegel: Als dann soll der Mond sein im andern Hauß oder Zeichen deß Planeten, welcher Herr der Geburt ist: als vorhin der Mond im 10. Grad des Steinbocks ist gewesen, soll jetzt im 10. Grad deß Wassermanns seyn. Dann so Saturnus Herr der Geburt wer, so hat er zwey Häuser, nemlich den Steinbock und Wassermann. So aber die Sonne oder der Mond Herr der Geburt weren, deren hat jeder nur ein Hauß, nemlich, die Sonn den Löwen, und der Mond den Krebs. Also soll man alle drey Spiegel giessen, so der Mond im 10. Grad des Löwen, oder im 10. Grad deß Krebs daher steht. Und also wird der andere Spiegel, in diesem kann man erfahren alle Reden, Wort und Gesang, die vergangen sind, auch so gar die Tag, Stundt und Zeit, wann solches geschehen sey.

---

[102] Soll heißen „ausrüsten".

Darnach geuß die Metall wider zusammen in einer Coniunction, gleich mit dem Herren der Geburt in derselbigen begriffen, wann sonst ein ander Planet ein Coniunction mit dem Mond hat, gilts gleich. Man thut den Spiegel herauß, legt den besonder, und ruft die Form wider zu wie vor, und so der Planet kompt in das 7. 8. 9. 10 .11. oder 12. Hauß, so ist er oberhalb der Erden, und darnach der Mond wider im ersten Zeichen oder Hauß, der Planet im 10. Grad daher fehrt, und sonst kein böser Aspect vorhanden ist, geußt man den dritten Spiegel. Darin sicht man alle geschribne, gerißne und gemahlte ding, in Brieffen und Büchern, und in Summa, alle verborgne Ding, die nur leben, und durch die Lebendigen gemacht sind. Was nun für Metall überbleibt, mag man thun oder brauchen wohin man will. Und die Spiegel soll man behalten mit der Zahl 1, 2, 3 bezeichnen.

Nuhn so die Sonne im Zeichen oder Hauß des Herren der Geburt ist, im fünfften biß in sibenden Grad, soll man die Spiegel auff der einen Seiten auff einem Schleiffstein glatt schleiffen, also daß gar kein Grüble oder Mackel darinn gefunden werd, dann es am Sehen grosse Irrung brechte: als dann keinen mehr zum andern legen, sondern jeden besonders. Man mag auch anfahen schleiffen den ersten, anderen, wenns die Zeit gibt, so gleich der Zeit noch nit alle drey gegossen seyn, das hindert nichts, wann allein die Zeit vorhanden ist. Und so sie geschliffen sind, soll man acht haben, wann der Mond das erst New nach dem Schleiffen haben wird, als dann so palliert mans: Im Puncten, so der Mond das New annimpt, soll man mit einem Linden Holtz, und mit Trippel, den ersten Spiegel seuberlich reiben, so wird er schön und glantz. So aber der erste Vollschein hernach kompt, und in Puncten deß Bruchs, polliert man den anderen und dritten, in der gestalt, daß keiner mehr zum anderen gelegt werd, sondern jeder besonder behalten. Und wann dann der Herr der Geburt stehet im vierdten Hauß, das ist, im Hauß aller verborgenheit, und als dann die Sonn oder der Mond zu der Zeit noch steht in Häusern deß Geburts Herrn, darzu auch ein Coniunction zweyer guten Planeten vorhanden ist, sollen diese drey Spiegel in ein klar, lauter, fliessend Bronnenwasser zusammen gelegt werden, also, daß sie erst unter dem Wasser zusammen kommen, und die darinn ligen lassen, undgeferlich zwo Stundt, so lang biß die Coniunction fürüber ist, dann herauß genommen, und in ein sauber Tuch gewicklet, und dann behalten. Also mag diß Könglich Instrument bereit werden in dreyzehn Monaten, wann man der Zeit recht acht nimpt. Und solches mag alle Jahr geschehen: Jedoch ist es ein Jahr besser, als das ander, besonder so der Herr der Geburt Gubernator ist desselbigen Jahrs, oder der Præfectus partis Fortunæ ist.

Liber Sextus Archidoxis Magicæ

De Compositione Metallorum.

Es ist nicht minder, daß die Composition der Metallen grosse Ding wircken, in den Übernatürlichen Dingen, das in viel und mancherley weg beweisen ist, wie hernach weiter angezeigt. Dann würdestu alle siben Metallen nach rechter ordnung zusammen setzen, und miteinander schmeltzen in ein Metall, so wirstu haben ein solches Metall, darinnen alle Tugenden der siben Metallen stecken und verborgen ligen: Die hastu hie in diesem einigen Metall allein, welches wir hie Electrum nennen. Und hat noch viel mehr Tugenden, nemlich nicht allein, wie die puren lauteren Metallen ihre Natürliche Tugenden haben, sondern hat auch darzu übernatürliche Tugenden. Dann die puren Metall haben für sich selbst nicht mehr und weiter Tugendt in ihren, dann so viel ihn Gott und die Natur geben und zugeeignet haben, und sind doch alle nur Natürlich. Wie ihr sehen vom Gold, welches das aller edelste, herrlichst, und fürnemmest Metall ist, das heilet den Aussatz, mit allen seinen Speciebus: Das Kupfer und Mercurius, alle außwendig Schäden und Wunden. Deßgleichen die anderen Metallen haben auch ihre besondere Tugenden, welche wir hie nicht erzehlen, sondern de Virtutibus Metallorum setzen. So mögen sie doch unzerstört und unverendert ihren Metallischen Wesen, ohne schaden in der Artzney ganz und gar nichts ausrichten: Sondern ehe und sie ihr Tugendt in der Artzney erzeigen, müssen sie vom Alchimisten von ihrem Metallischen Wesen zerstört, und in ein andere gestalt verwandelt werden in ihre Arcana: Als in Olea, Balsam, quinta Essentiam, Tincturam, Calcem, Salia, Crocum und dergleichen, und dem Patienten Administriert[103] werden, und mögen ohne solche bereittung, von ihrem beytragen, Übernatürlicher weiß gar kein hülff erzeigen, wie dann unser Electrum thut, das nach Himmlischer Lauff zusammen gesetzt ist, als wir hernach in seiner Practica setzen.

Darumben wir nicht unbillich unserm Electro groß Lob zuschreiben, dann sein Tugendt ist goß, und mehr dann zu groß.

Derhalben acht ich. Daß hoch von nöthe sey, die Tugendt und Krafft dieses unsern Electri zubeschreiben, und für die hand zunemmen, und von den puren Metallen gar nichts handlen. Dann sie gegen unserm Electro gar nichts zu vergleichen sind, wie wir denn augenscheinlich sehen. Ein Trinck oder Speißgeschirr, das aus diesem unsern Electro gemacht wirdt, mag niemandts darinn mit Gifft vergeben, oder sonst ein Zauberey bey gebracht werden, so man achtung darauff hatt. Dann in unserm Electro ligt verborgen ein grose wunderliche Sympathia, die es mit dem Menschen hat, durch mithülff und mitwirckung der 7. Planeten und obern Gestirn, also daß es vor grossem mitleiden und ängsten schwitzet und Maculiert wirdt, so bald es der Mensch in seine Hände nimpt.

---

[103] Verschreiben, anordnen.

Darumb ist von den gar Alten viel auff unser Electrum gehalten worden, und haben viel Trinck und Speißgeschirr darauß gemacht, deren man noch zu zeiten in der Erden verborgen find und ausgrebt.

Es ist auch viel ander Geschmeidt und Kleinot darauß gemacht worden, als Ring, Armband, Schawpfenning, Sigill, Bilder, Figuren, Glocken, Spiegel, Müntz und sonst vielerley Kleinot, und entwan von weniger erkanntnuß wegen, übersilberst, oder güldet: Welches bey unser Zeit gar auß dem brauch kommen, und in verachtung ligt, und vergessen worden ist.

Auff daß aber solch groß Mysterium naturæ und Magnalia Dei, jetzo gleich als in der letzten Zeit, nicht lenger verborgen bleiben, sondern offenbar werden, und widerumb an das Liecht kommen, die lang in der Sophisten Finsternuß verhalten worden sind, kan ich diese Ding auch nicht unbeschrieben lassen.

Wiewol es sich nicht gebüren will, alle Kräfften und Tugenden unsers Electri hie zuerzehlen: Dann der Sophist würde es lestern, der Unverstendig würd sich daran ergern, der Idiot würd es verspotten, der böß, ungotsförchtige würd es mißbrauchen: Solchem allem durch stillschweigen fürzukommen ist.

So können wir hie nicht unangezeigt lassen, etliche wunderbarliche Tugenden und Kräfften unsers Electri, die wir mit unseren Augen gesehen haben, und mit warheit sagen, und darthun können. Dann wir haben gesehen Finger

Ring, wer die angetragen, ihme der Krampff und Lähme gar nichts gethan oder Schmerzen gemacht hat: Deßgleichen der Schlag und die Fallendsucht keinen berührt hatt.

Und so man einen solchen Ring einem Epileptischen an den Hertzfinger gesteckt hat, in dem aller hefftigsten Paroxysmo, ist der Paroxysmus als bald auß gewesen, und der Fallendt aufgestanden.

So haben wir auch gesehen, und selbst erfahren, daß ein solcher Ring, so er am Hertzfinger getragen wirdt, und sich im Menschen ein verborgene Kranckheit eröffnen will, hebt der Ring auch an stettigs zuschwitzen, und wirdt vor seinem grossen mitleiden maculiert und ungestalt, wie wir solchs noch klärer im Libell de Sympathia setzen.

So ist auch weitter zuwissen, daß unser Electrum allen bösen Geistern widerwertig ist. Dann in unserm Electro ligt verborgen Himmlische Wirckung, und die Influentz aller 7. Planeten. Darumb haben die Alten Magi in Persia und die Chaldeer, viel mit fürgenommen und erfunden. So ich euch diese dinge alle hie beschrieb, würde solches eine seltsame Chronica geben, das ich umb Ergernuß willen unterlaß: Dann der Sophist würde mich für den größten Ertzzauberer außschreyen.

So kan ich doch nicht verschweigen, das grosse Miracul, so ich in Hispania, von einem Nigromantico gesehen, der hette eine Glocken nicht über zwey Pfund schwer, mit dieser Glocken Geleut, er viel und mancherley Spectra und Visiones der Geister kondte zuwegen bringen. Dann wann er wolt, schreib er etliche Wort und Character innwendig in die Glocken: So bald er dann mit leutet, oder schället, erschein ihm als bald ein Spiritus, in waß Gestalt er ihn haben wolt. Er kundte auch mit dem Geleut dieser Glocken, viel andere Gesicht der Geister, auch Menschen und Thiere zu ihm bringen, oder von ihm treiben, wie ich solcher ding viel von ihm gesehen habe. Doch so offt er etwas news machet, renoviert er auch die Wort und Character. Er wolt mir aber die Geheimnuß der Wort und Character nicht eröffnen, biß ich diesen Sachen selbst weitleuffig nachgedacht, und also ohn alles geferdt erfand. Aber dieselbige, oder all in ein Exempel derselbigen, ich hie aussen lasse. Sahe aber doch so viel darbey, daß mehr an der Glocken, dann an den Worten gelegen sey. Dann diese Glocke warde auch gewißlich von diesem unserm Electro gegossen.

Daher hat sich auch erfunde die Glocken Vergilij, mit dessen Geleut er alle Ehebrecher und Ehebrecherin König Artus Hoffgesinde erschrecket, also daß ihnen ein Constellierter Schwindel zugienge, daß sie über die Brucken hinab in das Wasser fielen, gleich als sie der Donner hinab schlüge. Und ist solchs kein Fabelgedicht, sondern ein warhafftig Chronick geschicht.

Derhalben laßt euch solches auch nicht groß verwundern, denn es der Natur wol möglich ist. Denn kan der sichtbare Mensch einen anderen mit dem Gethön eines Worts ruffen, und ihn damit bezwingen, also daß er thun muß was er will, und ist doch nur ein Wort, und ein Gethön eines Worts, und kein Waffen oder ander Gewalt darff darzu gebrauchet werden: So kan solches noch viel baß der unsichtbar Menschen, der kan beide sampt, den sichtbaren und unsichtbaren, nicht allein mit einem Wort, sondern mit den Gedanken eines Wort bezwingen. Dann alle mahl muß das unter dem obern nachfolgen, und sein Subiectum seyn. Dann was ist der unsichtbare Mensch, als das Gestirn selber, das in deß sichbarn Mensch Gemüth und Gedancken verborgen ligt, und durch die Imagination des Menschen sich eröffnet.

Kann nun das Gestirn im Menschen seyn, und durch den Olympischen Geist geführt und hingetragen werden in ein andern: So kan solches auch in den Metallen seyn, und darein ihr Impression geben, also das es dadurch viel höher gebracht kan werden, dann es die Natur selbst gebracht hat, mit hülff des obern Gestirns, als wir in andern Büchern dieser Archidoxiis Maicæ setzen. Dann ihr sehet ein Exempel vom Gold und Mercurio Vivo[104], so diese zwey Metall durch das Amalgam in der Coniunction Solis und Mercurij zusammen vereinigt werden: Wann auch Sol in der Coniunction Herr ist, über den Mercurium: Mögen sie hernach leichtlich mit einander Fixiert werden, also daß sie ein Tinctur geben auff den Mercurium vivum, die hernach weiter mit Mercurio vivo in solcher Coniunction mag augmentiert[105] werden, welches ein groß geheimniß der Natur ist, etc.

---

[104] Vivo = lebendig, also (Quick)Quecksilber.

[105] Vermehren, erweitern.

Deßgleichen mag man auch ohne diese Coniunction Gold oder Silber mit Mercurij Fulgi[106] componieren, und vereinigen, also, wann das Gold über den Mercurium Fulgi gehalten wirdt, so gehet der Mercurius rauchweiß aller in das Corpus Auri, und macht es weiß, brüchig und leichtflüssig, gleich dem Wachs. Also mag auch mit dem Silber geschehen. Dieses heissen wir Magnesiam Philosophorum, in dem sich die Philosophi, und sonderlich Thomas de Aquino und Rupescissa[107], und andere ihr Nachfolger gar viel bemühet, aber nicht erfunden.

Das ist nun eine sonderliche grosse Heimligkeit, den Mercurium vivum mit den hartflüssigen Metallen, als Silber, Kupffer, Gold, Eysen, oder Stahel, im Fewer zu vereinigen, und mit einander leichttflüssig machen. Also werden nun viel Tincturen und Elixier auff alle Metallen bereit, die Metallen zuverendern, wie wir solches weiter in andern Büchern de Transmutationibus Metallorium setzen.

Also sollet ihr auh weiter wissen, vom Mercurio Fulgi, zugleicher weiß, wie er durch seinen Rauch alle Metall durchgehet, calciniert, und mit ihme Fulgi machet, also die Metallen durch ihren Rauch den Mercurium vivum coagulieren. Dann wir wissen, daß der Mercurius inwendig der größten Hitz ist, und mit nichten mag coaguliert werden, dann mit der größten Kelte, welch dann vollkommenlich im Fewr und Fluß Rauchweiß von Metallen gehet. Dann da

---

[106] Lat.: fulgide: schimmernd.

[107] Johannes de Rupescissa, * ca. 1310, † 1366 (?), Franziskanermönch, Alchemist und apokalyptischer Visionär aus Südfrankreich.

gehet nichts im Fewr von Metallen, dann was der höchsten Kälte ist, und da Fewr und die Hitze nicht leiden kan: Als dann der Arsenicum Metallum ist, welcher als ein Geist von dem Metallen im Fluß auffsteigt.

Deßgleichen sollet ihr auch weitter wissen, daß der Mercurius ein Metallischer Geist ist. Und zu gleicher weise, wie viel ein Geist mehr ist, als ein Corpus, also ist auch Mercurius gegen den andern Metallen: Und wie ein Geist alle Naturen durch gehet, also der Mercurius die Metallen.

Dann ihr sollet wissen, daß der Mercurius wunderbarliche Dinge verricht und wircket in Metallen, das wir hie nicht alles ansetzen, sondern an andere Ort befehlen.

Dann wir haben gesehen und selbst erfahren, vom Mercurio vivo, so er von einem calcinirten Metall etlich mahl gesublimiert ist worden, wie ein Zinober, und als dann das calcinierte Metall in fundo widerumb in sein Metall reduciert: Ist es hernacher viel flüssiger worden, als kein Bley, es sey gleich Goldt, Silber, Kupffer, Eysen oder Stahl gewesen, also daß es ab einem Kerzenlicht, gleich einem Wachs zum Fluß gebracht ist worden, und an einer heissen Sonnen wie Schnee und Eiß zergangen, und hernach in einer Digestion in etlicher Zeit sich aller in Mercurium vivum verwandelt: Wie wir solches auch (im) Leibell de Resuscitatione Rerum Naturalium melden, welcher Mercurius Metallorum genennt wird.

Also wird nuhn bereittet der Mercurius Auri, Mercurius Argenti, Mercurius Cupri, Mercurius Ferri, Mercurius Stanni,

Mercurius Plumbi, etc. Darvon Arnoldus[108] und Aristoteles und andere Philosophi mehr, gar viel beschrieben und hoch gerühmet, und doch wenig oder vielleicht gar nie gesehen haben.

Darumb solt ihr dieses höchsten Geheimnussen und Mysteria naturæ eine halten, und nicht offenbar machen, oder in die Hende der vermeinten meiner Widersächer kommen lassen, die solches zu haben oder zu wissen unwirdig sind. Denn was soll einer Ganß ein Perlin oder Edelgestein? Sie versteht sich nichts darauff, und kennets nicht, ist ihr viel lieber ein Rubenschnitz[109], also ist den Sophisten auch. Darumb soll ihnen solche heimligkeit verhalten werden: dann wo das nicht geschehe, würde man das Perlin für die Sew[110] werfen, und den Hunden das Heiligthumb geben[111], welchs Gott sonderlich verbotten hatt, und gar nicht haben will.

Nun aber damit wir auff die Practick unsers Electri kommen, so wir vornen angefangen haben meldung zu thun, welches nach Himmlischen Lauff und nach den Coniuctionen der siben Planeten componiert und zusammen vereinigt muß werden, und ist der Proceß seiner Practica also.

---

[108] Wahrscheinlich Arnaldus de Villanova, * ca. 1235; † 1311, katalanischer Arzt und Pharmazeut.

[109] Ein Stück Rübe.

[110] Perlen für die Säue werfen.

[111] Anspielung auf Mattheus 7,6; Einheitsübersetzung: "Gebt das Heilige nicht den Hunden und werft eure Perlen nicht den Schweinen vor, denn sie könnten sie mit ihren Füßen zertreten und sich umwenden und euch zerreißen."

Erstlich hab acht auff ein Coniunction Saturni mit Mercurio, und wann nun die gleich vorhanden und angehen will, so verordne dir zuvor alle ding, das Fewr, ein Tigel, fein Bley, klein geschrotten, oder gekörnet, und den Mercurium vivum, damit du mitnichten verhindert werdst: Und wenn die Coniunction gleich angehet, so laß das Bley gar kalt fliessen, damit so der Mercurius darein geschütte wird, das er nicht außspringe, oder außrieche. Und im ersten Puncten wann die Coniuction angehet, nimb den Tigel mit dem gestossen Bley auß dem Fewr, und schütt den Mercurium darein, und Laß es dann mit einander erkalten. Darnach hab deßgleichen acht, auff ein Coniunction Iovis mit Saturno, oder mit Mercurio: So verordne widerumb alle Ding, wie vor, und sihe also fleissig zu, das wann die Coniunction angehet in Puncten, daß beide Metall, nemlich fein englisch Zinn, und das Bley mit dem Mercurio vereinigt ein jedes in einen besondern Tigel fließen, und geuß ausserhalb dem Fewr kaltflüssig zusammen, und laß es also mit einander erkalten.

Also hast du nuhn die ersten drey leichtflüssigsten Metallen bey einander an einem Corpus, die in allweg zum ersten zusammen gefügt müssen werden.

Darnach habe widerumb acht auff ein andere Coniunction, es habe der andern vier Planeten, welcher wölle, es sey Sol, Luna, Venus, Mars, ein Coniunction mit der vorigen dreynen Planeten einer, als Saturni, Mercurij oder Iovis, es sey auch welcher er wolle: So verordne dir widerumb alle Ding, wie vor gelehrt, und laß ein jedes besonder fliessen, und in puncto der Coniunction geuß beide zusammen, und behalts.

Also thu weitter mit allen Metallen, biß du sie alle sieben nach ihren zugehörigen Coniunctionen ihrer Planeten zusammen in ein Metall gebracht und vereinigt hast: Als das ist das Electrum bereit: Darmit wir diß Libell wöllen beschlosssen haben.

Liber Septimus Archidoxis Magicæ

De Sigillis Planetarum.

Nun ist nicht minder, die Sigill der Planeten haben auch grosse Krafft und Tugendt, so die nach Himmlischem Lauff und zu rechter Stundt und Zeit gemacht und bereit werden, wie sich dann gebürt, daß sie von ihrem beytragen erzeigen. Dann das mag niemandt leugnen, daß die obern Gestirn und Influentzen des Himmels, viel vermögen in den Tödtlichen und Vergänglichen Dingen. Dann kan das ober Gestirn und die Planeten einen Viehischen Menschen meistern, regieren und führen, wie es will, der doch nach der Bildnuß Gottes beschaffen, und Leben und Vernunfft hat. So kans auch ein geringers regieren, nemlich die Metall, Stein und Bilder, darein sie Imprimieren und dieselbigen mit aller ihrer Tugendt und Krafft besitzen nach ihrer Influentz Arth, als wann sie selbs im gantzen Wesen da weren, wie sie dann im obern Firmament sind und ihren Gang haben, also da auch. Und dem Menschen ist auch solches möglich, daß er sie in ein Medium kan bringen, darinnen sie wircken: Es sey dann ein Metall, ein Stein, ein Bildnuß oder anders dergleichen.

So ist aber das auch zuwissen hoch von nöthen, daß die sieben Planeten in nichten grössere Wirckung haben, als in ihrem eignen Metallen. Als nemlich, Sol im Gold, Luna im Silber, Venus im Kupffer, Iupiter im Zinn, Mercurius im Quecksilber, Mars im Eysen, Saturnus im Bley. Derhalben wöllen wir ihre Sigill hie ansetzen, und eines jeglichen Planeten Sigill, von seinem eigenen Metall lernen machen.

Sigill Saturni.

Diß Sigill soll von feinem, puren, lautern Villacher Bley gemacht werden, auff der eine Seite fein Runde Quadriert, und fein Quadrat mit drey Multipliciert, und in einer jeglichen Lini sollen stehn fünffzehen: Auff der andern seiten deß Sigels, soll die Bildnuß deß Planeten stehn, nemlich, ein alter Barteter Mann, mit einer Grabschauffel, als ob er in das Erdrich grübe, auff seinem Haupt ein Stern, und den Nammen Saturnus. Und also wie diß Sigel sein soll, soltu dir zwen Stempffel lassen schneiden, damit, wenn die Zeit kompt, daß du diß Sigel stempffest, wie man die Müntz stempfft, und also desto ehe gefürdert werdest. Darnach hab acht, wo der Mond an einem Sambstag im Stier oder Steinbock eintritt, im ersten Grad, und der Planet Saturnus eines rechten Gangs, und eines guten Wesens ist: So geuß alsbald das Sigel, und stemffs zwischen beide Stempfflen, und behalts gar wol in einem schwartz Seidenen Tuch.

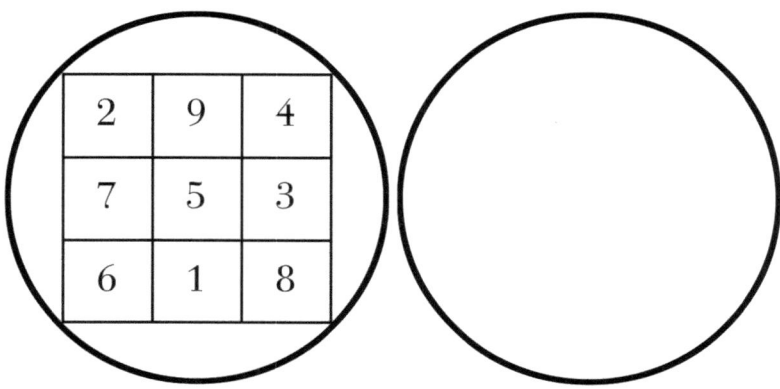

Sigillum Saturni.

Zum ersten ist Sigill gut, wann ein Frauw schwanger ist, und diß Sigill bey ihr tregt, mag ihr in der Geburt nit mißlingen. Zum andern, wo man diß Sigill hinlegt, und zu wem mans legt, das mehret sich, und nimpt zu. Und so ein Reutersmann diß Sigill bey ihm in dem lincken Stiffel tregt, demselbigen mag sein Pferdt keinen Schaden zufügen.

So aber diß Sigill gemacht wirdt, wann Saturnus in seinem zu Ruckgang ist, an einem Sambstag, und in seiner Stundt: So verhindert er alles guts Fürnemmen, und zu wem es gelegt wirdt, das nimpt ab, von Tag zu Tag, und mindert sich und zergeht. So auch das in einem Feldtleger unter einen Hauffen Kriegßvolck wirdt gegraben, werden dieselbigen nicht viel Glück mehr da haben, sondern bald auffbrechen und darvon ziehen.

Sigill Iovis.

Das Sigill soll von feinem Englischen Zinn gemacht werden, und auff der einen Seite sein Runde Quadriert, und das Quadrat mit vier Multipliciert, und in einer jeden Lini sollen stehn 34. Auff der andern Seiten diß Sigels soll die Bildnuß deß Planeten stehn, nemlich ein Pristerlicher und gelehrter Mann in einem Buch lesen, auff seinem Haupt ein Stern, und dem Namen Iupiter. Zu diesem Sigel laß dir auch zwen Stemffel machen, wie du vor gelehrt bist worden, darnach hab acht auff ein Donnerstag, wann der Mond in die Waag eintritt im ersten Grad, und anderst der Planet Jupiter in einem gutten Wesen, so geuß und stepff diß Sigel, und behalts ihn in einem blawen Seydenen Tuch.

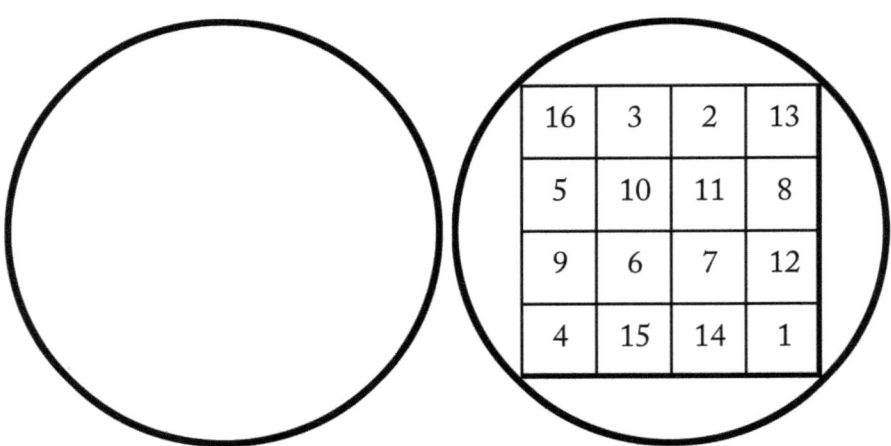

Sigillum Iovis.

Diß Sigill getragen, gib Lieb, Huld, und Gunst von allen Menschen: Und wo es hingelegt wirdt, das mehret sich, und nimpt zu von Tag zu Tag, und macht sein Trager glückhaftig in allen Händeln, und vertreibt auch alle Forcht.

Sigill Martis.

Diß Sigill soll von dem aller besten und zehesten Kerntischen Eysen geschmidet werden, in sein Rinde, und behalten biß sein Zeit kompt. Die eine Seiten diß Sigels soll Quadriert sein, und sein Quadrat mit 5. Multipiliciert, und in der Lini sollen stehn 65. Auff die anderen Seiten diß Sigels soll die Bildnuß deß Planeten stehn, nemlich ein gewapneter Kriegßmann, in seiner Lincken Handt ein rundell oder Tartsche[112], in der rechten Hand ein bloß Schwerdt, auff sein Haupt ein Stern, und den Nammen Mars geschrieben.

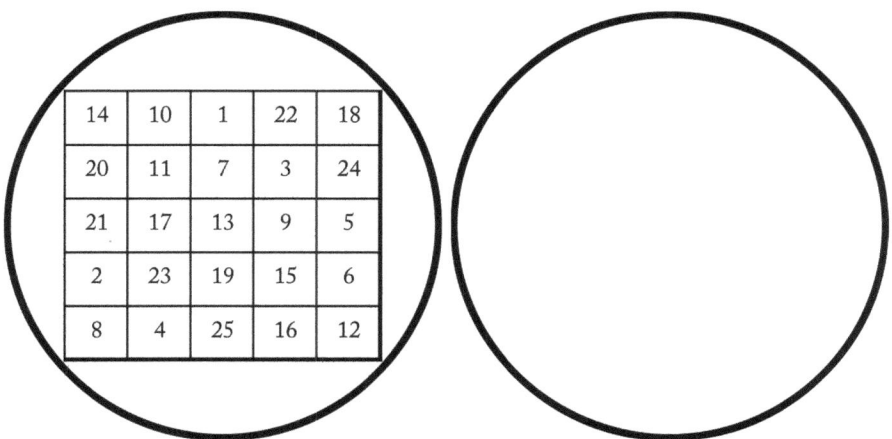

Sigillum Martis.

---

[112] Tartschen sind bestimmte Schildformen.

Zu diesem Sigel mußt du dir sonderlich zwen Stempffel lassen schneiden, auffs best lassen härten: Darnach habe acht auf den Afftermontag, wann der Mond in Widder oder Schützen eintritt im ersten Grad oder Puncten, und der Planet ist eines guten Gangs und Wesens, auch in einem guten Aspect: So mach das vorgeschmidte Blech zum Sigell, in einer Eß[113] glüend heiß, so laß es sich fein stempffen, und stempffs, und wann es erkaltet ist, so behalts in einem roth Seidenen Tuch.

Diß Sigeill gibt seinem Beytrager Stärck und Sieg in allen Kämpffen und Streitten, er überwindet alle seine Feinde, und nimpt von keinem Schaden. So aber diß Sigel in ein Feste gelegt und vergraben ligt, daran müssen alle Feind zu Spott werden, ein solche Krafft hat diß Siegel von seinem Planeten. So aber diß Siegel gemacht wird, wann Mars hinter sich geht, verbrennet, und in einem bösen unglückhaftigen Aspect: So ist es Contrarium[114]. Wo es ist und ligt, da ist nichts dann Krieg, Zank, haß und Neyd, und alles Unglück.

Sigill Solis.

Diß Sigill soll von dem aller besten Arabischen oder Ungarischen Goldt gemacht werden, und auff der einen Seiten, sein Runde quadriert, und sein Quadrat mit 6 Multipliciert, und in einer jeden Lini Creutzweiß sollen stehn 111. Und ihr solt wissen, daß die Zahlen in einem jeglichen

---

[113] Auch "Esse", die Feuerstelle, Abzug und Luftzuführung einer Schmide.

[114] Lat.: entgegengesetzt.

Sigill sind heimlich verborgene Zahlen der andern Sternen, so demselbigen Planeten unterworffen, und von Gott zugeeignet sind: Wie wir solches im Libell de Stellis, anzeigen. Dann ein Planet heißt ein Vorgehender oder Fürnemmer Stern: darumb so muß er auch andere Sternen unter ihm haben, und dieselbigen regieren, etc.

Nun auff der anderen Seiten deß Sigills soll die Bildnuß des Planeten stehn, nemlich, ein gekrönter König, sitzend in einem Königlichen Stul, und in aller Königlicher Maiestät, und ein Scepter soll er in seiner rechten Handt haben, auff seinem Haupt ein Sonne, und den Namen Solis, und vor seinen Füssen eines Löwen Bildnuß. Darzu laß dir auch zwen Stempffel schneiden: Als dann hab acht, wann an einem Sonntag der Mond in Löwen eintritt, im ersten Grad von Puncten, und der Planet ist eines rechten Gangs, als bald stempffs, und wann es gestempfft ist, so behalts in einem Gelben Seidenen Tuch, etc.

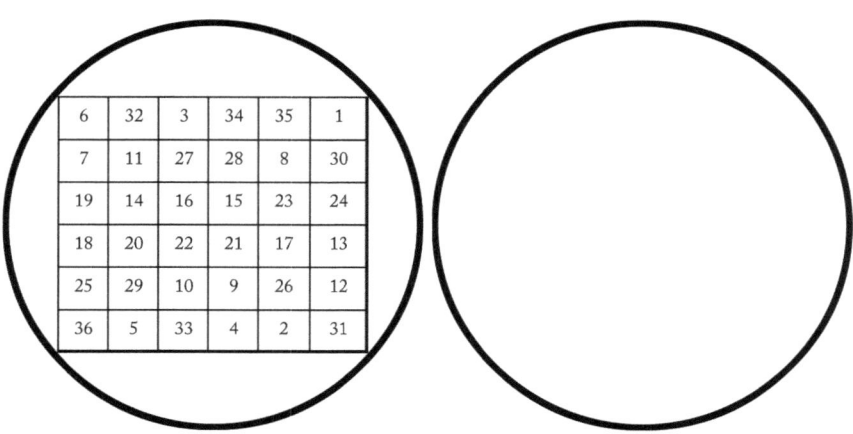

6	32	3	34	35	1
7	11	27	28	8	30
19	14	16	15	23	24
18	20	22	21	17	13
25	29	10	9	26	12
36	5	33	4	2	31

Sigillum Solis.

Und ihr sollt auch wisen, daß das Stempffen der Siegel nicht allein darum geschiecht, auff das man der Zeit halb nit verhinderet werde, und das es bald zugehe und verrichtet werde: Sondern das solt ihr wissen, daß diß Stempffen ein Impression ist der Himmlischen Kräfften. Dann zu gleicher weiß wie die Himmlische Impressiones, und die Influentzen der obern Gestirn schnell und Augenblicklich übernatürlicher weiß geschehen, als schnell und behend, als ein Pfeil vom Ambrost gehet, oder ein Kugel von der Büchsen fehrt: Also schnell und plößlich muß nuhn diese Impression auch geschehen.

Diß Sigel getragen, gibt grossen Gunst und Gnad von allen Potentaten, Fürsten, Königen und Keysern, erhöhet den Menschen von Tag zu Tag, also, daß er zunimpt an Ehr und Gut, und für Groß von allen Menschen gehalten wirdt.

Sigill Veneris.

Diß Sigill wird von purem Kupffer gemacht und auch auff der einen Seiten quadriert, und sein Quadrat mit 7. Multipliciert, und soll in einer jeglichen Linien ungefährlich 152. Auff der anderen Seiten diß Sigils, soll die Bildnuß deß Planeten stehn, nemlich ein Weibsbild, und bey ihr soll stehn ein Kind mit einem Bogen und Fewrpfeil, in ihrer lincken Hand ein Harpffen, oder ander dergleichen Seitenspiel haben, auff ihrem Haupt ein Stern, und der Namen Venus.

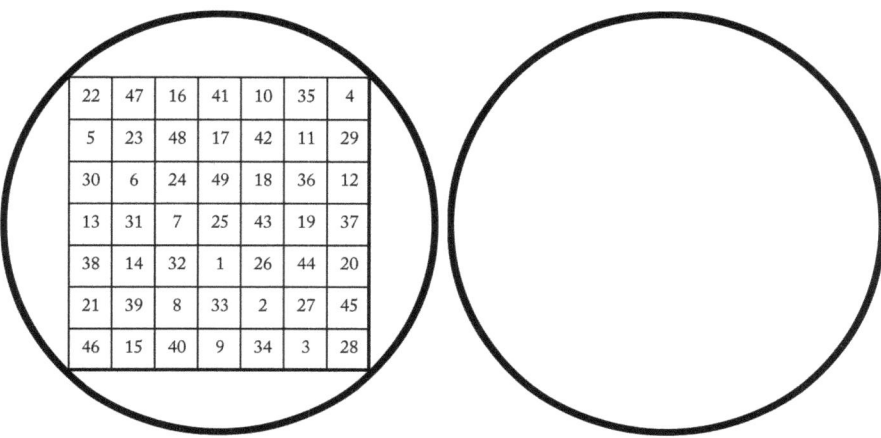

Sigillum Veneris.

Zu diesem Spiegel laß dir auch zwen Stempffel machen, darnach wann an einem Freytag der Mond im Stier oder Jungfrawen eintritt im ersten Grad und Puncten, und der Planet eines rechten Gangs, und in einem guten Wesen ist, so stempff diß Sigill, und behalts darnach in einem grünen Seiden Tuch.

Diß Sigill getragen, gib wunderbarlichen grossen Gunst und Lieb, beyde zwischen Mann und Frawen, vertreibt alle Haß und Neyd und alle Feindschafft. Und so einer seinem größten Feindt ab diesem Siegel zu trincken gibt, so wird er sein bester Freund werden, und thut ihm kein Arges mehr, sondern alles guts, und gibt auch grosse Geschicklichkeit und Verstand zu lehrnen in der Musica.

Sigill Mercurii.

Diß Sigill muß von Coaguliertem Quecksilber gegossen werden, dann gar kein ungeschmeidiges Metall läßt sich stempffen, also auch dieser Coaguliert Mercurius: (wie wir ihn dann hernach lehrnen machen) auch ungeschmeidig ist, und sich nicht stempffen läßt: darumb so muß man ein Form darzu bereiten, von zweyen Stücken: in einem soll die Zahl: im andern die Bildnuß seyn, in gleicher weiß wie in der Stempffeln der andern Metallen.

Diß Sigill ist auch auff der andern Seiten Quadriert, und sein Quadrat mit acht multipliciert, und sollen in einer jeden Lini ungefährlich stehn 260. Auff der andern Seiten soll stehn die Bildnuß deß Planeten: Nemlich ein Engel, Flügel auf dem Rücken und an Füssen haben, und ein Stab in der rechten Hand, daran zwo Schlangen, Creutzweiß in einander gekrümmet sind, auff seinem Haupt ein Stern, und den Namen Mercurius.

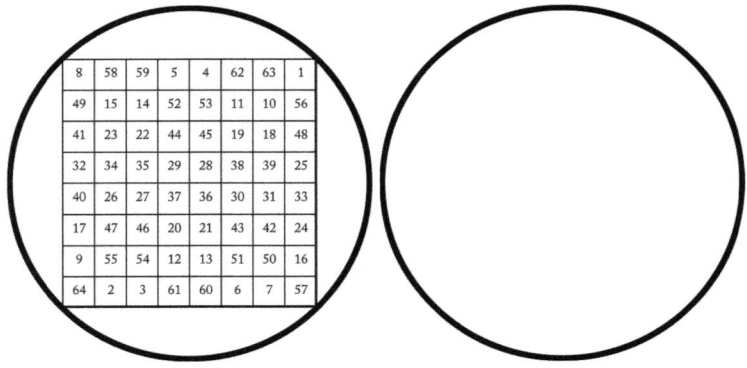

Sigillum Mercurij.

Item der Mercurius soltu mit Bley Coagulieren, dann sonst kein Metall dem Mercurio neher ist genotiert, als das Bley. Diese Coagulation geschieht also. Nimb fein Bley iiij. Loth, laß es kalt fließen in einem Tigel, und wann es wol fleußt, so nimbs von dem Fewer, und laß ein wenig erkalten, und mann es schier bestehn will, so schüt iiij. Loth Mercurium Vivum da rein. Als dann hab acht, wann Mercurius eines rechten und guten Gangs ist, und an einem Mittwochen, so der Mond im Zwilling oder Scorpion eintritt im Puncten: Laß den Mercurium Coagulatum kalt fliessen, und geuß ihn in die Form, und rüttle die Form, damit es desto reiner fall, und laß in der Form wol erkalten. Die Form soll auch erstlich ob einem brennenden Liecht bereit werden, auff daß sich im giessen vom Mercurio in der Form nichts anhenckt, und gern und glatt heraus gang. So aber das Sigill nicht rein und scharpff gnug gefallen wer im giessen, so magstu es ein wenig nach deinem Gefallen verschneiden lassen: Nachmahls behalts in einem Purpurfarb Seidenen Tuch.

Diß Sigill getragen, gibt grosse Gnad und Verstand zulehrnen Philosophian, und alle natürliche Künsten. Ab diesem Sigill getrunken, gibt ein gute Memori, vertreibt das Fieber und Kaltweh. Diß Sigill under das Haupt gelegt, wann du schlaffen gehst, und alles was du Gott bittest im Schlaff zu sehen, daß wirstu auch warhafftig sehen und erfahren.

Sigill Lunæ.

Diß Sigill wirt von Feinem Silber gemacht, und auch in seiner Runde Quadriert, mit neun multipliciert, und in einer jeden Linien sollen ungefährlich 369 stehn.

Auf der anderen Seiten diß Sigels soll die Bildnuß deß Planeten stehn: Nemlich ein Weibsbildt mit einem umbschwebenden Kleid, steht auff einem halben Mond, und auch ein halben Mond in ihr rechten Hand: Auff ihrem Haupt ein Stern, und den Namen Luna. Zu diesem Sigill laß dir auch zwein Stempffel machen: Darnach hab acht, wann Luna ist eines guten Wesens und rechtes Gangs an einem Montag, wann der Mond in Steinbock oder Jungfrawen eintritt, im ersten Grad, so stempff diß Siegel, und behalts in einem weiß Seiden Tuch.

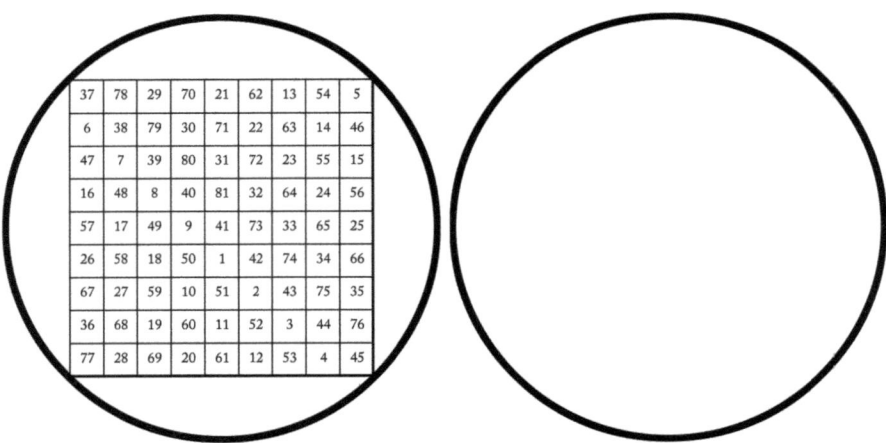

Sigillum Lunæ.

Diß Sigill getragen, præserviert[115] vor vielen Kranckheiten: Ist auch gut den außwandernden, und denen die viel das Land bawen, beschützet sie vor Mördern und Räubern: Es macht auch alle Ding bestendig, Fix belibend in einem Wesen, wo es liegt und ist.

Finis.

---

[115] Schützen, vor einem Übel bewahren.

Anhang

Die Bilder der Planeten, entnommen aus dem Buch "der Kleine Albert".

FIGURES DES SEPT PLANÈTES.

Figures des Talismans.